Service entscheidet

Jacques Horovitz

Service entscheidet

Im Wettbewerb um den Kunden

Geleitwort von Ueli Prager

Campus Verlag
Frankfurt/New York

Die französische Ausgabe »La Qualité de Service«
erschien 1987 im Verlag InterEditions, Paris.

Deutsche Übersetzung von Gerti von Rabenau

CIP-Titelaufnahme der Deutschen Bibliothek

Horovitz, Jacques:
Service entscheidet : im Wettbewerb um den Kunden / Jacques Horovitz. Geleitw. von Ueli Prager. [Dt. Übers. von Gerti von Rabenau]. – 3. Aufl. – Frankfurt/Main ; New York : Campus Verlag, 1990
Einheitssacht.: La qualité de service <dt.>
ISBN 3-593-34011-9

4. Auflage, 1992

Umschlaggestaltung: Atelier Warminski, Büdingen
Satz: Norbert Czermak, Geisenhausen
Druck und Bindung: Fuldaer Verlagsanstalt, Fulda
Printed in Germany

Inhalt

Geleitwort

Guter Service ruft Wohlbefinden hervor: Hier kümmert man sich um mich. Hier bin ich gut aufgehoben. Hier nimmt man mich ernst.

Dies ist der größte Luxus, und seine Bereitstellung kostet am wenigsten.

Service, Zuwendung zum Kunden, Anteilnahme an seinen Wünschen, noch viel mehr an seiner Person: Das ist es, was der Kunde sucht. Das bezahlt er – nicht mit viel Geld, denn dann wäre die Zuwendung unecht und nur durch materielle Begierden geleitet. Nein, er bezahlt dies mit etwas viel Wertvollerem: mit Treue und Sympathie. Treue und Sympathie der Kunden zu spüren, ist eines der schönsten Erlebnisse des Arbeitsalltags.

Treue, Sympathie und Freundschaft wirken sich immateriell aus. Wir, die Mitarbeiter und die Firma, verspüren Zufriedenheit, dann und wann sogar ein Glücksgefühl. Ein Glücksgefühl, das die Zusammenarbeit im Unternehmen schöner und harmonischer werden läßt. Etwas, das unser Leben bereichert.

Und das ist das Echo unserer Dienstfreudigkeit, das auf uns zurückstrahlt.

Ich kann das Buch von Jacques Horovitz nachdrücklich empfehlen.

Ueli Prager *Präsident des Verwaltungsrates von Mövenpick*

Vorwort

Die französischen Unternehmen sind durch die Erfolge ihrer amerikanischen und japanischen Konkurrenten derart alarmiert, daß sie heute sehr viel eher zu einer Diskussion über Service bereit sind. Ich bin über dieses neue Bewußtsein sehr erfreut und hoffe, daß es in absehbarer Zeit zu einer Umstrukturierung der Unternehmen und zu einer systematischen Qualitätspolitik führen wird.

Der erstklassige Service war immer unser Zugpferd während meiner 35jährigen Tätigkeit beim Club Méditerranée. Wir haben bereits sehr früh erkannt, daß er eine *conditio sine qua non* unseres Fortbestehens war, ohne den wir in unserem Sektor nie die Führungsrolle hätten übernehmen können.

Deshalb haben wir uns für eine sehr anspruchsvolle Politik entschieden, an der sich sämtliche Aktivitäten des Clubs orientieren – etwa die Ausbildung unseres Personals, die Errichtung von internationalen Dörfern, die Jagd nach Fehlern bzw. deren völlige Vermeidung (das »Null-Fehler-Ziel«).

Diese Leidenschaft für erstklassigen Service ist bedingt durch unser Versprechen, all unseren Anhängern und Kunden ein Gefühl des Glücks zu geben. Analog zeigt der Pädagoge und Praktiker Jacques Horovitz in diesem Buch, daß in der heutigen Welt kein Unternehmen überleben kann, das sich nicht ernsthaft um den Kunden und einen hochwertigen Service bemüht.

Der Autor hat dem Club viele gute Ratschläge gegeben und ihm bei der Verwirklichung seines Service sehr geholfen. Seine Vorstellungen sind allerdings für alle Wirtschaftsbereiche, einschließlich der Industrie, nützlich, wie sich anhand zahlreicher Beispiele in diesem Buch zeigt.

Erstklassiger Service ist Sache der gesamten Organisation. Arbeitnehmer, Führungskräfte und all diejenigen, die direkten Kontakt zum Kunden haben, müssen mit dem gleichen Eifer versuchen, Fehlerquellen gemeinsam zu beseitigen – nur so lassen sich Fehler vollständig vermeiden. Jacques Horovitz kommt unmittelbar zum Kern des Problems und zeigt, wie wichtig es ist, daß der Kunde guten Service wahrnimmt und seine Ansprüche befriedigt sieht. Der Autor hebt insbesondere die Methoden hervor, mit deren Hilfe sich Schwierigkeiten bei der Organisation des Service bewältigen lassen und betont die unheilvollen Konsequenzen schlechter Qualität (gemessen in Kosten und Image).

Er erinnert uns daran, welche Rolle die interne und externe Kommunikation für den Erfolg einer Servicestrategie spielt, und zeigt sehr konkret sämtliche Aspekte einer solchen Strategie auf, angefangen vom Empfang eines Kunden über das Dokumentationsmaterial und das Telefon bis hin zur Werbung.

Da es für Unternehmen immer schwieriger wird, auf einem zunehmend wettbewerbsintensiven und erbarmungslosen Markt zu konkurrieren, werden sie zwangsläufig genaue und detaillierte Programme erstellen und sich voll und ganz auf die Qualität konzentrieren müssen. Aus diesem Grunde beschreibt Jacques Horovitz die Möglichkeiten zur Entwicklung eines hochwertigen Serviceprogramms, mit dessen Hilfe sich eine Diagnose des spezifischen Serviceangebots eines Unternehmens erstellen und gegebenenfalls eine Verbesserung oder Erneuerung der Servicepolitik erreichen läßt.

Das Leitmotiv des Club Méditerranée lautet: Wir dürfen nie vergessen, daß in allererster Linie der Kunde dadurch befriedigt werden muß, daß wir seine Bedürfnisse antizipieren und seine Erwartungen erfüllen. Jacques Horovitz hat dies anhand von ausgewählten Anekdoten sehr gut illustriert.

Da wir wissen, daß ein unzufriedener Kunde sein Mißgeschick zehn anderen Kunden weitererzählt, während ein zufriedener Kunde seine Zufriedenheit höchstens drei anderen Personen mitteilt, müssen wir für eine positive Mundpropaganda sorgen.

Ich garantiere dem Leser, daß er hier einen ganz neuen Ansatz für einen erstklassigen Service finden wird. Dieses Buch mit seinen nützlichen Vorschlägen sollte der Begleiter jeder Führungskraft auf seinem Wege zur Verwirklichung des Null-Fehler-Ziels sein, das im heutigen internationalen Kontext absolute Priorität haben muß.

Gilbert Trigano, Juni 1987

Danksagungen

Danke sage ich Danielle für ihr Vertrauen in mich. Danke sage ich auch Charles, Marc und Dago dafür, daß sie mein Manuskript gelesen und kommentiert haben. Und Màrta, weil sie mir den Text immer wieder geschrieben hat, bis er keinen Fehler mehr enthielt.

Mein Dank gilt auch allen progressiven Unternehmen, mit denen ich im Bestreben nach Perfektion ein Stück Weges gemeinsam gegangen bin und mit denen ich zusammen Servicepolitik in's Leben rufen und weiterentwickeln durfte.

Zu ganz besonderem Dank bin ich dem Club Méditerranée verpflichtet, diesem großen Dienstleistungsunternehmen und Spitzenreiter in puncto Qualität. Der Club Méditerranée verkauft die am wenigsten greifbare Dienstleistung überhaupt: das Glück. Und sein Ziel ist, dem *Gentil Membre* ein möglichst makelloses Glück zu offerieren. Sowohl für den Club als auch für mich war es eine ganz besondere Herausforderung, eine systematische Methode für den Einsatz dieser überaus ehrgeizigen Politik überall in der Welt zu entwickeln. Der Club hat diese Methode tatsächlich adoptiert, und die Ergebnisse haben sich sehr schnell bemerkbar gemacht – ein Vorbild für alle anderen alltäglichen Dienstleistungen, ob sie im Gaststättengewerbe, in der Lieferung von Einzelteilen oder im Verkauf von Computern bestehen.

Einführung

Der Kampf um Qualität wurde durch den Handelskrieg Japans gegen Europa und die Vereinigten Staaten entfacht. Während 1981 noch die meisten amerikanischen Unternehmenschefs der Meinung waren, daß 80% ihrer Produkte qualitativ hochwertiger waren als japanische Erzeugnisse, hielten bereits 80% der amerikanischen Verbraucher die japanischen Produkte für qualitativ besser. Und dieser Kampf dürfte sich mit der zunehmenden Verbreitung von Konzepten wie dem »Null-Versagen« oder dem »Null-Fehler-Ziel« in verstärktem Maße fortsetzen.

Heute findet die Offensive vor allem an der Front der Dienstleistungen statt: Nicht nur im Bereich des Service vor, während und nach dem Verkauf von Produkten, sondern auch in den eigentlichen Dienstleistungssektoren: den Banken und Versicherungen, im Transportwesen, im Tourismus, im öffentlichen Dienst, im Gaststättengewerbe und vielen anderen Bereichen. Und der Anteil dieser Dienstleistungen an der Gesamtwirtschaft steigt ständig. Er beträgt heute 65% des Bruttoinlandprodukts in Frankreich, 70% des BIP in den Vereinigten Staaten und 56% des BIP in der Bundesrepublik Deutschland.

In den nächsten 10 Jahren werden Telekommunikation und Informatik immer bedeutender, und beide werden die Dienstleistungen zunehmend internationalisieren. Diese beiden Technologien ermöglichen die Verwirklichung von Skalenerträgen, mit deren Hilfe die großen weltweiten Dienstleistungsunternehmen die kleinen, selbständigen Unternehmer überflügeln werden. Die Konkurrenz wird sich dann nicht mehr im lokalen bzw. nationalen, sondern im internationalen und weltweiten Rahmen abspielen. Spitzentechnologien machen es in absehbarer Zeit möglich, bislang Unvereinbares miteinander zu vereinbaren: etwa Massenproduktion mit einem Service, der auf jeden Kunden individuell abgestimmt ist. Mit anderen Worten, wir werden *high tech* und *high touch* miteinander verbinden können.

In diesem neuartigen Marathon befinden sich die französischen Unternehmen keineswegs an der Spitze. Viele arbeiten noch genauso, als ob sie nur wenige Konkurrenten hätten, ohne einzusehen, daß auch im Bereich des Service der internationale Wettbewerb jeden Tag härter werden wird. Genau dies haben dagegen zahlreiche Unternehmen aus Japan, Singapur, Holland, Schweden und der Schweiz bereits begriffen. Die Losung »Service entscheidet« setzt sich in der ganzen Welt durch. Hotels, Versicherungen, Transportunternehmen, Banken, Computer-Service-Firmen, Beratungsbüros, Reisebüros und Reiseveranstalter, Reinigungsunternehmen und das Gaststättengewerbe haben längst die nationalen Grenzen überschritten.

Allerdings unterscheidet sich das Qualitätsmanagement der Dienstleistungen erheblich von dem der Industrieprodukte. Dienstleistungen sind nicht greifbar. Leistung und Konsum erfolgen gleichzeitig, im Gegensatz zu den Produkten, die zuerst produziert und dann verkauft und benutzt werden. Zwar lassen sich die zahlreichen, von der Industrie entwickelten Methoden zur Qualitätssicherung auf Dienstleistungen anwenden – von den Qualitätszirkeln bis zu den Null-Fehler-Methoden – aber dies reicht bei weitem nicht aus.

In der Industrie bewirkt die Qualitätssicherung Produktivitätssteigerungen, da sie die Ausschußrate verringert und die Produktionskosten senkt. Bei den Dienstleistungen drückt sich die Produktivität durch die Zufriedenheit des Kunden aus und läßt sich insofern an den Umsätzen ablesen.

Dieses Buch soll Führungskräften in Dienstleistungsunternehmen und in Industrieunternehmen, für die der Service ein wichtiges Instrument im Konkurrenzkampf ist, helfen, eine Qualitätspolitik im Servicebereich zu entwickeln und den Weg zum erstklassigen Service zu beschreiten.

Dabei geht es weniger darum, sich der Bedeutung des Kunden bewußt zu werden – diesem Aspekt sind bereits Werke wie *»Le Prix de L'Excellence«*, *»La Passion de L'Excellence«*, *»Service Compris«* gewidmet worden – als vielmehr ein häufig geäußertes Bedürfnis zu befriedigen: Wie sich hervorragender Service verwirklichen läßt und welche Schritte dazu erforderlich sind. Außerdem beantworte ich Fragen wie: Ist dies mit dem bereits vorhandenen Personal möglich? Gibt es allgemeingültige Methoden, die für alle Dienstleistungen gültig sind, oder hat jeder Sektor ganz spezifische Bedürfnisse?

Natürlich gibt es bereits Methoden, um die Qualität des Service zu managen. Ich habe sie getestet, als ich für Unternehmen in so verschiedenen Bereichen wie Gaststätten- und Hotelgewerbe, Tourismus, Bankwesen, Großhandel, Bildungswesen, Informatik, Distribution und Unternehmensberatung tätig war. Außerdem habe ich die Ergebnisse anderer Autoren, deren Werke im Literaturverzeichnis nachgewiesen sind, systematisch ausgewertet.

Die grundlegenden Prinzipien, an denen sich der Service orientieren sollte und die in diesem Buch entwickelt werden, lassen sich folgendermaßen resümieren:

- Allein der Kunde beurteilt die Qualität des Service. Folglich ist seine Meinung maßgebend.
- Allein der Kunde bestimmt das Qualitätsniveau des Service und ist diesbezüglich unersättlich.
- Das Unternehmen sollte ein Versprechen formulieren, das ihm die Erfüllung seines Ziels gewährleistet und es ihm ermöglicht, sich von der Konkurrenz abzuheben.

- Das Unternehmen muß die Erwartungen der Kunden »lenken« und Abweichungen zwischen der tatsächlichen Leistung und den Erwartungen des Kunden möglichst weitgehend verringern.
- Es ist ohne weiteres möglich, das Versprechen in Qualitätsnormen umzumünzen. Denn obwohl die Qualität des Service weitgehend von subjektiven Vorstellungen abhängt, lassen sich dennoch genaue Normen definieren.
- Das Ziel, Fehler völlig zu vermeiden, muß mit strenger Disziplin und ständigen Bemühungen einhergehen. Im Bereich des Service gibt es keinen Kompromiß; man hat die eine Wahl, Perfektion bzw. das Null-Fehler-Ziel anzustreben. Service läßt sich vor allem durch Management der Details verbessern. Das verlangt den Einsatz von allen Beteiligten, einschließlich des Vorstandes; denn der Kunde sieht beim Service nur das, was »nicht funktioniert«.

Natürlich wird jedes Unternehmen in seinem Dienstleistungsbereich seine eigene spezifische, einzigartige und möglicherweise innovative Qualitätsstrategie entwickeln; doch sind genau diese Prinzipien unerläßliche Voraussetzungen für den Erfolg. Um Ihnen bei der Diagnose der Qualität Ihres Service zu helfen, sind am Ende jedes Kapitels einige Fragen angeführt. Diese werden Ihnen hoffentlich dabei helfen herauszufinden, wo Sie derzeit stehen, Ihre Schwächen und Stärken zu definieren und einen Aktionsplan zu entwickeln.

Kapitel 1
Qualität und Service: Definitionen

Dieses Buch befaßt sich mit der Qualitätssicherung des Service, und insofern scheint es natürlich, mit der Definition der Begriffe Qualität und Service zu beginnen. Gibt es eine einzige Qualität oder mehrere? Wie hoch sind die Kosten der Qualität? Und was verstehen wir tatsächlich unter Service?

Qualität

Qualität ist einerseits das *Anspruchsniveau,* das vom Unternehmen gewählt wurde, um seine Kundschaft zu befriedigen, und andererseits der Maßstab, inwieweit es dieses Niveau tatsächlich erreicht.

Die Zielkundschaft

Die Zielkundschaft diktiert dem Unternehmen durch seine Erwartungen und seine Bedürfnisse die anzustrebende Qualität des Service. Die Märkte werden immer stärker segmentiert bzw. den immer vielfältigeren Bedürfnissen der Kunden angepaßt. So hat beispielsweise ein Student ganz andere Anforderungen an die Dienstleistungen eines Hotels als der Geschäftsmann, und der Käufer eines R 5 erwartet von seinem Vertragshändler mit Sicherheit nicht denselben Service wie der Eigentümer eines BMW. Eine Druckerei verlangt von seinem Laserdrucker nicht die gleiche Geschwindigkeit im Falle einer Reparatur wie ein Architekturbüro.

Angesichts der Vielfältigkeit der Bedürfnisse muß sich jeder Anbieter von Dienstleistungen eine bestimmte Zielgruppe auswählen. Denn der Versuch, jeden ein bißchen zu befriedigen, ist heute die sicherste Methode, den Mißerfolg vorzuprogrammieren.

Das Anspruchsniveau

In der Welt der Dienstleistungen ist Qualität nicht zwangsläufig identisch mit Luxus, dem *non plus ultra* oder einer Spitzenqualität, sondern man kann durchaus verschiedene Qualitätsniveaus wählen. Eine Dienstleistung erreicht dann ihr Anspruchsniveau, wenn sie dem Bedarf einer Zielgruppe entspricht. Wenn ein Segment der Kundschaft eine Reparatur innerhalb von drei Tagen verlangt, ist es keineswegs notwendig, diese Leistung bereits innerhalb von drei Stunden zu erbringen. Je nach Zielgruppe können sowohl drei Tage als auch drei Stunden dem jeweiligen Anspruchsniveau völlig genügen. McDonalds bietet Qualität zu 10 Franc und Maxim's zu 500 Franc. Jedes Niveau muß einem bestimmten Wert entsprechen, den der Kunde aufgrund seiner Wünsche und Bedürfnisse zu zahlen bereit ist.

Konformität

Konformität ist der dritte Parameter der Qualität, der dafür sorgt, daß das Anspruchsniveau immer und überall gewährleistet wird. So darf beispielsweise ein Empfang morgens nicht besser sein als nachmittags, und das Restaurant einer Kette darf auf den Champs Elysées keine besseren Mahlzeiten anbieten als in Saint Germain-des-Prés. Konformität mit gegebenen Normen ist einer der wichtigsten Maßstäbe für Qualitätssicherung.

Es ist schwieriger, das angestrebte Anspruchsniveau zu verwirklichen, wenn die Dienstleistung an unterschiedlichen Orten oder durch verschiedenartige Zwischenhändler angeboten wird.

Die Unternehmen, die wie im Versicherungswesen, in der Elektronik und im Tourismus mit Agenturen und Vertriebspartnern zusammenarbeiten, stehen vor einer zweifachen Aufgabe: Sie müssen ihren Partnern einen erstklassigen Service bieten und ihnen zugleich helfen, ihren Kunden immer und überall eine gleich gute Qualität anzubieten. Und je mehr die Qualität einer Dienstleistung von dem Verhalten der Angestellten abhängt, um so größer wird das Risiko der Nichtkonformität.

Dennoch sollte unabhängig davon, ob das Verhalten der Menschen eine geringe oder große Rolle spielt oder ob die Dienstleistung an zahlreichen Orten und von verschiedenartigen Zwischenhändlern angeboten wird, immer das vorrangige Ziel darin bestehen, den angebotenen Service möglichst weitgehend dem angestrebten Anspruchsniveau anzunähern. Nur der wirklich ernsthafte Versuch, sämtliche Fehlerquellen auszuschließen, d.h. die Verwirklichung des Null-Fehler-Ziels, garantiert auf lange Sicht den Erfolg. Genau dies hat uns Disneyworld mit seinen überall gleichartigen Vergnügungsparks sehr deutlich vor Augen geführt.

Service

Service ist die Gesamtheit der Leistungen, die der Kunde über das Produkt oder die grundlegende Dienstleistung hinaus in bezug auf den Preis, das Image und den Ruf des Unternehmens erwartet. So erwartet der Käufer eines Mercedes eine Reihe von Leistungen vor, während und nach dem eigentlichen Kauf: unter anderem das Vorführen des Wagens, eine Probefahrt, einen persönlichen Empfang, ihm angemessene Finanzierungspläne, schnelle oder möglichst gar keine Reparaturen und die Möglichkeit, seinen alten Mercedes wieder zu verkaufen. Wenn die Versicherungsgesellschaft UAP in ihrer Werbung behauptet, »Nummer eins zu sein verpflichtet«, bietet sie damit zugleich Engagement, eine große Auswahl, einen auf jeden Kunden individuell zugeschnittenen Versicherungsvertrag und sogar einen ins Haus kommenden Vertreter.

Service geht aber weit über Liebenswürdigkeit oder Freundlichkeit hinaus, obwohl ein Lächeln natürlich niemals überflüssig ist. Wichtig sind gute Informationen und eine richtige und möglichst schnelle Verbindung. Es geht also um die Wahl der richtigen Methode und nicht nur um einfache Höflichkeit. Wenn Sie die Wahl haben zwischen einem Krankenhaus, in dem Sie von einer Hostesse freundlich empfangen werden, und einem anderen, in dem Sie ein kompetenter, aber griesgrämiger Arzt behandelt, werden Sie letzteren bevorzugen. Ideal wäre es aber wohl, wenn Sie beides haben könnten.

Service heißt auf keinen Fall Servilität. Die Franzosen neigen dazu, beide Begriffe zu verwechseln. Dadurch erklärt sich teilweise die wohlbekannte Haltung mancher Verkäuferinnen in Warenhäusern, die bei dem Kunden nur einen Wunsch erweckt: ihr so schnell wie möglich zu entkommen. Betrachten wir die Sache ganz pragmatisch: Ohne Kunden gibt es kein Unternehmen (und dementsprechend keine Arbeitsplätze), und ohne Service gibt es keinen Kunden. Unsere Eltern, die weniger verhätschelt waren als wir, wußten dies sehr wohl, als sie ganze Tage in ihren Werkstätten und Geschäften verbrachten und einzig nach dem Slogan »Der Kunde ist König« handelten.

Der Produktservice

Der Produktservice besteht aus zwei Elementen: dem *Grad der Zuverlässigkeit* und der *Plusleistung* für den Kunden. Neben dem Nutzen und den technischen Leistungen eines Produktes interessiert sich jeder Käufer für genau diese beiden Faktoren, egal ob es um den Kauf eines Autos, eines Bulldozers oder eines Computers geht.

Der Grad der Zuverlässigkeit

Für den Käufer eines Produktes ist neben dessen Preis und dessen technischen Leistungen auch der zeitliche, physische und finanzielle Aufwand relevant, mit dem er zusätzlich rechnen muß. Dieser zusätzliche Aufwand bemißt sich danach,

- ob er Lieferzeiten und eventuelle Reparaturen in Kauf nehmen muß,
- ob er eine fehlerfreie Rechnung erhält,
- wie schnell sich im Falle eines Problems ein Verantwortlicher finden läßt,
- wie schnell das Gerät funktionsfähig ist,
- wie schnell dessen Funktionsweise verständlich wird,
- wie gut er es auslasten kann,
- und inwieweit er sich des alten Geräts entledigen bzw. es wieder verkaufen kann.

Darüber hinaus bewertet er die mit dem Einsatz der Maschine verbundenen Kosten nach den:

- Instandhaltungskosten,
- Installationskosten,
- Transportkosten oder
- den Kosten der Nichtnutzung.

Eine effektive Servicepolitik versucht diese zusätzlichen Aufwendungen und Kosten für den Kunden soweit wie möglich zu verringern und ihm als Endziel sogar eine hundertprozentige Zuverlässigkeit zu garantieren.

Ein Kunde ist dann zufrieden, wenn er während der Reparatur seines Geräts mit einem Ersatzcomputer weiterarbeiten kann, wenn er einer kompetenten Persönlichkeit sein Problem darlegen oder eine Idee vermitteln kann, und wenn man ihm ein altes Gerät abnimmt und bei der Installierung des neuen hilft. Wenn man dann noch mit ihm zusammen ein neues Fahrzeug oder eine neue Waschmaschine testet, dann löst dies nicht nur ein Glücksgefühl, sondern geradezu Ekstase bei ihm aus!

Allerdings ist Zuverlässigkeit keineswegs für alle Käufer gleich wichtig. Manche sind bereit, einen hohen Preis für das vollständige Servicepaket zu bezahlen, andere möchten dagegen lieber weniger ausgeben und selbst einen Teil des Service übernehmen. Die Computerfirma Digital Equipment, die in weniger als 12 Jahren den zweiten Platz in ihrer Branche erobern konnte, hat dies nur zu gut begriffen. Sie bietet verschiedene Serviceleistungen an, die vom Pauschalservice (dem Kunden wird alles abgenommen) bis zur Reparatur einzelner Teile und zum *Do it yourself* reichen.

Die Plusleistung für den Kunden

Der Kunde möchte darüber hinaus den Wert kennen, den der Lieferant der rein technischen Leistung hinzufügt. Diese Plusleistung kann verschiedene Formen annehmen. Z.B. kann sie in Hilfe bei der Lösung von Problemen bestehen. Genau dadurch hat ein kleiner amerikanischer Fabrikant von Konservendosen, Crown Cork and Seal, seine großen Rivalen mit ihren eigenen Waffen schlagen können. Dieses Unternehmen versucht in enger Zusammenarbeit mit seinen Kunden genau die ihren Bedürfnissen entsprechenden Verpackungen zu erfinden und zu entwickeln, die leicht, preiswert und für den Vertrieb in großen Supermärkten geeignet sind. Selbst die leistungsstärksten Banken haben sich das Prinzip der Hilfe bei Problemlösungen zu eigen gemacht, indem sie jedem Kunden genau die von ihm gewünschten Anlagen anbieten.

Die Plusleistung kann darüber hinaus eine finanzielle Unterstützung sein: So kann man dem Kunden bei der Beschaffung eines Kredits helfen (eine Praxis, die vor allem im Immobilienbereich üblich ist), man kann einen Gebrauchtwarenmarkt für die alten Maschinen organisieren oder Zahlungserleichtungen gewähren.

Auch Schulungen, Reparaturleistungen, Garantien, Verfügbarkeit von Einzelteilen, Kontinuität des Sortiments und technische Erneuerung sind u.U. Plusleistungen. Schließlich kann die Plusleistung auch in Schnelligkeit oder Flexibilität bestehen: die Schnelligkeit der Lieferung oder der Produktion sowie die Möglichkeit, eine in Auftrag gegebene Bestellung noch nachträglich zu ändern.

Die mit einem Produkt verbundene Servicepolitik muß demnach im Hinblick auf zwei Parameter analysiert werden: den Grad der Zuverlässigkeit und die Plusleistung. Wenn man den Service nach Verkaufsetappen unterteilt, erhält man das in Übersicht 1 dargestellte Analysediagramm.

Übersicht 1: Servicedimensionen im Umfeld der Produkte

	Vor dem Verkauf	Installation	Nach dem Verkauf
Grad der Zuverlässigkeit Plusleistung			

Jedes Unternehmen muß seine eigenen Prioritäten definieren und die für sein Produkt angemessene Servicepolitik wählen. Wenn ein Unternehmen beispielsweise beschließt, sich mit einer Politik der Zuverlässigkeit vor, während und nach dem Verkauf von der Konkurrenz abzuheben, muß es dem Kunden die folgenden Leistungen bieten: Die Möglichkeit eines schnellen telefonischen Kontakts mit dem richtigen Ansprechpartner im Unternehmen, eine verständliche Dokumentation, Hilfe bei der Beförderung des Produktes, schnelle und vollständige Lieferung, fehlerfreie Rechnungen mit klaren Texten sowie Minimierung der Wartungs-, Ausfall- und Reparaturkosten.

Der dienstleistungsbegleitende Service

Im Gegengensatz zu Produkten haben Dienstleistungen einen geringen oder gar keinen materiellen Charakter: Sie existieren nur als gelebte Erfahrungen. Meistens kann der Käufer einer Dienstleistung erst nach deren Konsum den Grad seiner Zufriedenheit ausdrücken. Der dienstleistungsbegleitende Service umfaßt zwei spezifische Dimensionen: die vom Kunden erwartete Leistung und die Erfahrung, die er beim Konsum der Dienstleistung macht.

Die erwartete Leistung

Wenn der Kunde ein Zimmer reserviert, erwartet er Ruhe. Wenn er einen Kredit haben möchte, ist dieser vielleicht zum Kauf einer Wohnung gedacht. Wenn er eine Versicherung unterschreibt, kauft er Sicherheit. Insofern ist alles, was mit Dienstleistungen zusammenhängt, für ihn von größter Bedeutung. Ein Theaterstück wird nur dann unterhaltsam sein, wenn der Sessel bequem ist. Andererseits wird ein Gastwirt, der möglichst hohe Umsätze erreichen möchte, einen Kunden enttäuschen, der einen Augenblick der Entspannung sucht.

Der dienstleistungsbegleitende Service ist nicht nur für den Nutzen wichtig, den der Käufer sich von der Leistung verspricht, sondern er ist zugleich für alle Sektoren, in denen Service selbstverständlich geworden ist, eine unerläßliche Waffe des Wettbewerbs. Ein Flugzeugticket gleicht eben dem anderen, und alle Hotels bieten im Prinzip die gleichen Leistungen. Wie man sich trotz dieser Ähnlichkeit der Leistungen dennoch profilieren kann, zeigt Jan Carlzons erstaunlicher Erfolg an der Spitze der SAS (Scandinavian Airlines System): Er hat sich die Geschäftsleute als Zielgruppe gewählt und den Lufttransport mit einer Reihe von für sie wichtigen Dienstleistungen ausgestattet: Business Class, spezieller Wartesaal, Gepäckbeförderung ab Hotel, intensive Verwendung von Kreditkarten usw. (vgl. Carlzon 1985).

Die Erfahrung

Der dienstleistungsbegleitende Service kann für die Erfahrung und damit die Zufriedenheit des Verbrauchers von entscheidender Bedeutung sein. Inwieweit diese Erfahrung positiv oder negativ ist, hängt ab von

- der Wahlmöglichkeit,
- der Verfügbarkeit,
- der Atmosphäre,
- dem Verhalten des Servicepersonals (Liebenswürdigkeit, Hilfe, Initiativen) beim Verkauf und während der Serviceleistung,
- dem bei der Wahl des Service mitberücksichtigten Risiko, das wiederum mit dem Image und dem Ruf des Unternehmens zusammenhängt,
- den anderen Kunden,
- der Schnelligkeit und Genauigkeit, mit der Fragen beantwortet werden,
- der jeweiligen Reaktion bei Reklamationen,
- der Individualisierung der Dienstleistungen.

Im Bereich der Dienstleistung gewinnt der erste Kontakt eine ganz besondere Bedeutung. Jeder von uns braucht sich nur an den Eindruck zu erinnern, den der Gepäckträger oder Portier im besten oder schlechtesten Hotel hinterlassen hat, in dem er je gewesen ist. Der erste Kontakt des Klienten mit dem Unternehmen ist zudem oft ein mehrfacher. So wird der Kunde eines Hotels nacheinander dem Gepäckträger, dem Portier, dem Zimmermädchen und dem Barmann begegnen – und jeder dieser ersten Kontakte muß positiv sein.

Im Gegensatz zum Service für Produkte kann sich der dienstleistungsbegleitende Service stärker auf die Leistung oder die Erfahrung konzentrieren. Dennoch wird er immer einen Teil von beiden umfassen (vgl. Abbildung 1).

Abb. 1: Die Dimensionen des dienstleistungsbegleitenden Service

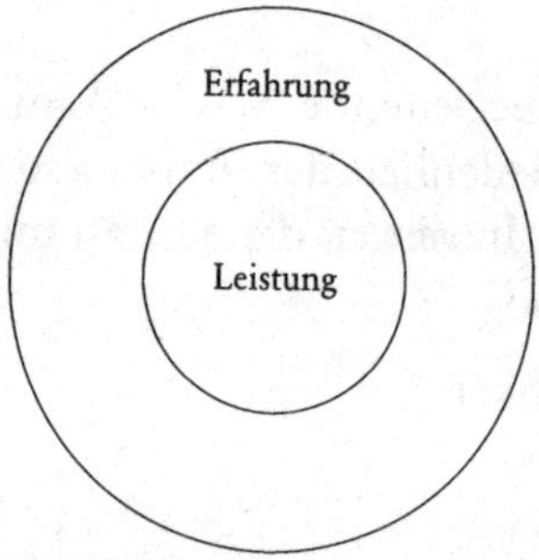

Auf die Frage »Was macht nach Ihrer Auffassung die Qualität eines Kaufhauses aus?« haben Kunden in einer Befragung folgende Bestandteile genannt, wobei die Reihenfolge zugleich die abnehmende Bedeutung angibt:

- Die Qualität des Empfangs, die ihrerseits von der Liebenswürdigkeit des Personals, den Informationsstellen, den Hinweisschildern, den Orientierungshilfen oder den Ratschlägen der Verkäufer abhängt.
- Die Bequemlichkeit, die von der verkehrsmäßig günstigen Lage, der Bewegungsfreiheit, der Durchlaufgeschwindigkeit an

den Kassen, der Möglichkeit, sich auszuruhen, der Beleuchtung und Belüftung sowie von einer angenehmen Atmosphäre und dem Kaufvergnügen abhängt.

- Die Auswahl, d.h. die Verfügbarkeit und die Vielfalt der Artikel.

Dabei ist die Qualität des Empfangs für das Urteil der Kunden doppelt so wichtig wie die Bequemlichkeit und die Auswahl. Der Preis und die Größe des Sortiments stehen dagegen an letzter Stelle. Der Empfang und die Bequemlichkeit hängen beide von Leistungen (Beleuchtung und Dekoration) und von der Erfahrung ab (Atmosphäre, Bewegungsfreiheit, Farben), die indirekt mit dem Kaufakt verbunden sind. Dies ist keineswegs überraschend, denn geht man nicht auch deswegen in ein Warenhaus, um etwas Schönes zu sehen? Der Kunde könnte in den Supermärkten billiger einkaufen, oder er fände in den Boutiquen eine individuellere Beratung.

Der Service spielt in Bereichen wie Bankwesen oder Freizeitaktivitäten eine mindestens genauso bedeutende Rolle. Wie soll man einem Bankier widerstehen, der Sie in einem individuell gestalteten Büro empfängt und Ihnen eine Tasse Kaffee anbietet? Der Club Méditerranée verdankt seinen Erfolg viel eher den von ihm gebotenen Kontaktmöglichkeiten, seiner »unbezahlbaren« Freundlichkeit und der Freiheit, unter einer Vielzahl von Sportarten zu wählen, als seinen phantastischen Stränden oder seinen mondänen Buffets.

Fassen wir noch einmal zusammen: Qualität ist das Anspruchsniveau, das ein Unternehmen erreichen möchte, um seine Zielkundschaft zufriedenzustellen. Sie ist zugleich der Maßstab dafür, ob das Unternehmen sich den Bedürfnissen seiner Kunden anpassen kann. Service ist die Gesamtheit der unterstützenden Maßnahmen, die mit dem Kauf zusammenhängen. Er bemißt sich bei Produkten nach der Zuverlässigkeit und der Plusleistung, bei Dienstleistungen nach der erwarteten Leistung und der Erfahrung.

Selbstdiagnose

Wenn Ihr Unternehmen Industrie- oder Konsumprodukte verkauft:

a) Erstellen Sie eine Liste mit den Dimensionen des gegenwärtigen Service:
   – dem Grad der Zuverlässigkeit (vor, während und nach dem Verkauf),
   – den Plusleistungen (vor, während und nach dem Verkauf).
b) Sehen Sie andere Möglichkeiten?
c) Bieten Ihre Konkurrenten mehr?
d) Besitzen diese Dimensionen in den verschiedenen Marktsegmenten ein unterschiedliches Niveau?
e) Können Sie dieses Niveau (diese Niveaus) immer gewährleisten? In welchem Maße?

Wenn Ihr Unternehmen im Dienstleistungsbereich tätig ist:

a) Erstellen Sie die Liste für die Dimensionen des gegenwärtigen Service:
   – erwartete Leistung
   – Erfahrung.
b) Sehen Sie andere Möglichkeiten?
c) Bieten Ihre Konkurrenten mehr?
d) Besitzen diese Dimensionen in den verschiedenen belieferten Marktsegmenten ein unterschiedliches Niveau?
e) Können Sie dieses Niveau (diese Niveaus) immer gewährleisten? Und in welchem Ausmaß?

Kapitel 2
Service entscheidet

Der Kunde wird immer anspruchsvoller

Die für uns relevante Frage lautet nun, wie sich die Bedürfnisse und Erwartungen des Kunden im Hinblick auf erstklassigen Service entwickeln. Alle neueren Studien zeigen, daß der Kunde diesbezüglich immer anspruchsvoller wird. Dennoch ist diese Aussage allein unzureichend, denn jeder Kunde nimmt Qualität sehr unterschiedlich wahr; dies gilt insbesondere für Käufer und Lieferanten. Außerdem wird die Qualität eines Service anders empfunden, je nachdem ob er neuartig oder weit verbreitet ist und ob der Kunde ihn eben erst für sich entdeckt hat oder ihn bereits seit langem kennt und in Anspruch nimmt.

Der Kunde verlangt immer besseren Service

Service ist heute im allgemeinen der Schlüsselfaktor für eine Kaufentscheidung. Hierfür gibt es verschiedene Gründe. In sämtlichen Industriezweigen hat sich der Wettbewerb verschärft. Er zwingt die Unternehmen, den Kunden durch eine zunehmende Diversifizierung des Service anzulocken. Und es wäre absurd zu erwarten, daß sich ein Käufer bei der Wahl zwischen zwei gleich teuren Produkten für das mit dem schlechteren Service entscheiden würde.

Im übrigen ist der unkritisch draufloskaufende Konsument der 60er Jahre inzwischen durch den wählerischen und besser informierten Kenner ersetzt worden; eine Tendenz, die nicht zuletzt durch Rezessionen und eine eher stagnierende Kaufkraft begünstigt wurde. Insofern ist es keineswegs verwunderlich, wenn das Unternehmen mit dem besten Service am erfolgreichsten ist.

Zunehmende Nachfrage nach Spitzenprodukten

Die Einstellung des Kunden gegenüber Service verändert sich auch mit zunehmender Kenntnis des Produkts und mit der Verbesserung seines Lebensstandards. Am Anfang begnügt er sich häufig mit einem einfachen Produkt, das keinen Service bietet und dementsprechend billiger ist. Im Laufe der Zeit steigen jedoch seine Ansprüche in bezug auf Qualität, bis er schließlich nur noch das Beste vom Besten haben will. Was passiert, wenn man diese Entwicklung nicht begreift, sieht man an der europäischen Motorradindustrie: Sie ist heute praktisch nicht mehr existent.

Die Vielfalt der Erfahrungen erzeugt immer höhere Ansprüche

Der Kunde erwartet einen immer besseren Service, weil er sich daran orientiert, was er normalerweise gewöhnt ist oder bei seinen Reisen entdeckt. So wird ein Geschäftsmann, der sich viel in Asien aufhält, weit höhere Ansprüche an den Service eines Urlaubshotels in Frankreich stellen, als jemand, der den Charme des asiatischen Empfangs noch nie genossen hat. Der Tourist, der den Service eines italienischen Restaurants kennt, wird zwangsläufig seine anderen gastronomischen Erfahrungen mit dieser vergleichen und seine Ansprüche entsprechend hochschrauben.

Gleiches gilt für einen Informatiker, der in den Vereinigten Staaten in den Genuß eines Kundendienstes von Digital Equipment gelangt und genau dasselbe in Frankreich erwartet; auch wenn er vergeblich danach suchen wird.

Mit der Öffnung der Grenzen, der Internationalisierung des Handels und der starken Zunahme des Reiseverkehrs sind gleichzeitig die Ansprüche gestiegen. Um wettbewerbsfähig zu bleiben, müssen die Unternehmen einerseits die für ihre Märkte angemessenen Standards erfüllen und andererseits die Entwicklung in anderen Teilen der Welt genau beobachten.

Die Japaner besitzen beispielsweise eine sehr ausgeprägte Tradition der Höflichkeit, die sie bei ihrer Eroberung der ausländischen Märkte ständig als Mittel einsetzen. Das gibt ihnen in den Ländern, in denen der Kunde an eine derartig zuvorkommende Behandlung nicht gewöhnt ist, einen deutlichen Wettbewerbsvorteil.

Angebotene und wahrgenommene Qualität stimmen selten überein

Die Überlegenheit eines neuen Service ist für den potentiellen Kunden nur selten genauso offensichtlich wie für dessen Initiator. Dies gilt um so mehr, wenn die Neuerung von den vorherrschenden Normen abweicht oder eine eher immaterielle Dienstleistung betrifft.

Jede Innovation muß einen bestimmten Widerstand gegenüber Neuheiten und Veränderungen überwinden, egal ob dies Kreditkarten, Ferndiagnosen für Computer oder Fahrkartenautomaten am Bahnhof sind.

In diesem Zusammenhang sei erwähnt, daß nur 3% der potentiellen Kunden bereit sind, eine Pionierrolle zu übernehmen, indem sie eine Neuheit sofort ausprobieren. Danach kommen die »Modemacher«, die 13% des Marktes ausmachen, während die Masse der Konsumenten erst sehr viel später folgt.

Daher ist die Qualität enorm wichtig für die *Kommunikation* der Vorteile einer Neuheit. Sämtliche Faktoren müssen dazu beitragen, das von den Kunden wahrgenommene Risiko möglichst zu verringern: Das Markenimage, der Ruf, die Garantie, die Einführungskampagnen, eine reichhaltige und klare Dokumentation, Beweise der Zufriedenheit von Kunden, die Verfügbarkeit des Personals oder gar direkte Interventionen des Chefs.

Der eigene Service ist immer der beste

Ob es sich um ein neues oder bereits weit verbreitetes Produkt handelt, der Kunde wird häufig den Service mit dem vergleichen, was er selbst auch leisten kann. So geht der Bastler von seinen eigenen Fähigkeiten aus, wenn er eine Reparaturleistung beurteilt, und ein Urlauber wird nur dann in ein Reisebüro gehen, wenn dieses ihm eine bessere Urlaubsplanung bietet, als wenn er auf eigene Faust reisen würde.

Der Vorteil des Marktführers: Eine zweischneidige Waffe

Häufig wird vermutet, daß der Marktführer einen entscheidenden Wettbewerbsvorteil bei der Gewinnung neuer Kunden hat. Es stimmt zwar, daß diese Position zur Festigung seines Bekanntheitsgrades und seines Images sehr nützlich ist. Andererseits muß ein Unternehmen, das seine dominierende Stellung ausnutzen will, damit rechnen, daß die Kunden ebenfalls immer höhere Anforderungen stellen. Der Marktführer profitiert bis zu dem Augenblick von einem Wettbewerbsvorteil, da er – zu Recht oder zu Unrecht – als dominanter, arroganter und unpersönlicher Anbieter wahrgenommen wird. Dann werden sich die Kunden abwenden und woanders ihre Bedürfnisse befriedigen. Dieses Verhalten wird heute als »Leader-Syndrom« bezeichnet.

Unternehmen wie IBM, Rank Xerox oder Hertz kennen das nur zu gut, da sie diese Erfahrung bereits hinter sich haben. Zu dominant und zu erfolgreich, vergraulen sie bestimmte Käufer, die sich lieber »bescheideneren« Anbietern zuwenden.

Die Konsenszone

Bei gleichem Preis wählt der Kunde den besten Service, bei gleichem Service bevorzugt er den preiswertesten. Man kann auf diese Weise die Konsenszone zwischen dem Kunden und seinem Lieferanten bestimmen, die in Abbildung 2 dargestellt ist.

Abb. 2: Konsenszone zwischen Kunde und Verkäufer

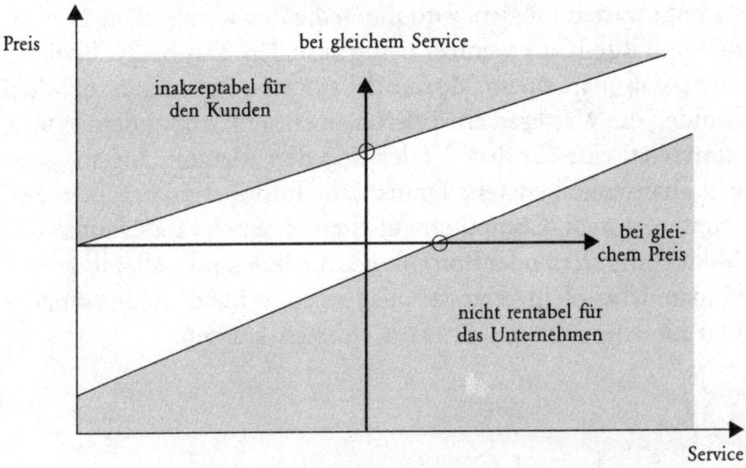

Die Bedeutung von Symbolen und Information für den Service

Wie Service wahrgenommen wird, hängt auch von den mit dem Produkt verbundenen Symbolen ab. So scheint ein Fisch frischer zu sein, wenn er auf einer Eisschicht liegt. Und die Empfangshalle einer Werbeagentur und die Kleidung ihrer Hostessen vermitteln zugleich eine Vorstellung von ihrer Kreativität und der Bedeutung, die sie dem Kunden beimißt.

Alle verbalen und nonverbalen Signale, die den Service begleiten, spielen demnach eine wesentliche Rolle: Wichtig ist es, den Kunden direkt anzuschauen, ihm den Vortritt zu lassen, ihm durch ein Lächeln die Freude über sein Kommen auszudrücken, ihn bei seinem Namen zu nennen, usw.

Information kann die Wahrnehmung des Service ebenfalls beträchtlich beeinflussen. Man kann beispielsweise durchaus einen mittelmäßigen Service bieten und zugleich die Wahrnehmung des Benutzers positiv beeinflussen, indem man ihm die Gründe für die schlechte Qualität mitteilt. Wenn man sich die Mühe macht, den schlangestehenden Menschen zu erklären, warum sie so lange warten müssen, wird ihnen die Zeit weniger lang erscheinen und ihre Kritik weniger heftig ausfallen. Das heißt allerdings nicht, daß man einem Mozart die Aufgabe übertragen soll, dem Kunden die Wartezeit am Telefon zu erleichtern; sondern es wäre sinnvoller, eine für den Service und den Klienten angemessene Botschaft vorzubereiten: Touristische Informationen für ein Reiseunternehmen, Computerneuheiten für einen Produzenten von Mikrocomputern oder Börsenkurse für eine Bank. Allerdings sollte man dabei nicht vergessen, daß noch so nützliche Informationen nie eine schnelle Antwort ersetzen können.

Je immaterieller die Dienstleistung ist, desto wichtiger sind greifbare Ergebnisse

Um Service zu beurteilen, muß der Kunde zwangsläufig auf indirekte, konkrete Zeichen zurückgreifen. Je komplexer und ungreifbarer der Service ist, um so stärker klammert sich der Benutzer an direkt meßbare Kriterien wie beispielsweise:

- Die Gestaltung des Ortes und die Erscheinung der Personen. So beurteilt man oft die Kompetenz eines Arztes nach der Sauberkeit des Wartezimmers.
- Den Preis. Der Anspruch an die Qualität steigt proportional zum Preis.
- Das wahrgenommene Risiko. Der Kunde, der am Anfang nur wenig Informationen und Hilfe erhält oder ohne Garantie kaufen muß, wird den Service als schlechter empfinden, selbst wenn dies objektiv nicht der Fall ist.

Während ein Produkt vor allem aufgrund seiner physischen Merkmale beurteilt wird (Anzahl der Zimmer eines Hauses, Isolierung und Solidität), wird eine Dienstleistung anhand von indirekten Faktoren beurteilt, wie den Erfahrungen anderer, der Freundlichkeit des Empfangs, der Klarheit der Information oder der Glaubwürdigkeit des Unternehmens.

Die individuellen Bedürfnisse des Kunden sind maßgeblich

Häufig werden die Bedürfnisse des Kunden von den Unternehmen falsch eingeschätzt. Da sich die Unternehmen vorwiegend auf die technischen Leistungen ihrer Produkte konzentrieren und die eigentlichen Kaufmotive ignorieren, verfolgen sie oft eine unzureichende Servicepolitik. So gibt es zahlreiche Firmen, die im Falle eines Defekts eine möglichst kurze Reparaturzeit versprechen, während der Kunde vor allem wissen möchte, ob sofort ein Ersatzgerät verfügbar ist.

Um das Anspruchsniveau tatsächlich zu erfüllen, muß man wissen, daß der Käufer eines Parfüms Hoffnung kauft und daß der Urlauber möglichst keine Probleme haben will. Wenn man irgendeine Form von Unterricht anbietet, kauft der Kunde den Lernstoff, und wenn man Werbung verkauft, interessiert den

Werbeträger nur der daraus resultierende Absatz. Der Zuschauer eines Theaterstücks erwartet sich dagegen in erster Linie Unterhaltung.

Der Service muß in seiner Gesamtheit gut sein

Der Kunde wird nicht etwa die einzelnen Elemente des Service bewerten, sondern die gesamte Leistung. Entscheidend ist also der Gesamteindruck und nicht der relative Erfolg dieser oder jener spezifischen Aktion. Gravierender ist jedoch, daß der Kunde dazu neigt, sich auf das schwächste Glied des Service zu konzentrieren und dessen Mängel auf das Gesamturteil zu übertragen.

Insofern sollten die einzelnen Elemente des Service möglichst homogen sein. Das Fehlen eines Aspekts kann bereits Mißerfolg bedeuten. Im Bereich des Service zählt nur die absolute Qualität, sonst gar nichts.

Folglich ist es ein nicht wieder gutzumachender Fehler, wenn man ein noch so üppiges und feines Menü auf einer Papiertischdecke serviert, wenn man eine hochwertige Quarzuhr ohne Bedienungsanleitung verkauft oder ein intelligentes Telefonsystem ohne technische Hilfe anbietet.

Angesichts der weltweiten Verbreitung aller Produkte und bald auch der Dienstleistungen gewinnt die Homogenität der Qualität als Wettbewerbsfaktor immer mehr an Bedeutung. Was Sie nicht anbieten, werden die ausländischen Konkurrenten nur zu gern an Ihrer Stelle tun.

Die Homogenität wird nicht nur durch einen Service ohne Schwächen gewährleistet, sondern zugleich durch eine möglichst kohärente Kundschaft. Eine Dienstleistung wird dann als qualitativ hochwertig beurteilt, wenn der Kunde feststellt, daß die anderen Käufer ihm ähneln. Das Management des »Kunden-Portefeuille« ist um so wichtiger, wenn sich die Kunden am Kaufort oder beim Konsum treffen können (im Freizeitbereich, in Verbrauchermärkten, bei der Fortbildung oder in öffentlichen Verkehrsmitteln).

Genau diese Überlegungen haben die Verantwortlichen des RATP (Schnellzugsystem in Paris, das vor allem die Vororte verbindet, Anm.d.Übers.) zu der berühmten Kampagne »Ticket chic, ticket choc« veranlaßt, weil viele Passagiere der Auffassung waren, daß die Metro zwar ein sehr gutes System sei . . . aber eben für die anderen.

Der Qualitätsbegriff unterscheidet sich je nach Kulturkreis

In Frankreich werden Qualität und Luxus häufig – zu Unrecht – verwechselt. Ein 5-Sterne-Hotel ist nicht zwangsläufig ein Inbegriff von Qualität, während McDonalds mit seinen Hamburgern durchaus Qualität bietet. Qualität ist eine Verhältniszahl, die sich nach dem Wert bemißt, den man für den bezahlten Preis erhält.

Im übrigen besitzen die einzelnen Komponenten der Qualität in den verschiedenen Ländern keineswegs dieselbe Bedeutung. Wir greifen hier nur ein paar Punkte heraus:

- *Pünktlichkeit.* Eine Verspätung von 10 Minuten ist in Frankreich bei weitem nicht so schlimm wie in Deutschland.
- *Dem Kunden gewidmete Aufmerksamkeit.* Die Wintersportorte in Colorado sind berühmt für die Aufmerksamkeit, die sie den Skifahrern entgegenbringen: Vor den Sesselliften befinden sich Schachteln mit Taschentüchern, aus denen sich alle Wartenden bedienen können; beim Aussteigen werden sie eigens von einem Mitarbeiter begrüßt, und am Lift wird der Schnee von den Sitzen entfernt, bevor man sich hinsetzt. In der Schweiz erhalten Sie eine Rechentabelle, wenn Sie an einem Schalter Geld wechseln. In den japanischen Zügen können Sie Ihren Sitz in die Fahrtrichtung drehen.

- *Ehrlichkeit.* Ein ehrlicher Vertrag wird in den Vereinigten Staaten durchaus anders definiert als in Frankreich oder in Italien.

Übersicht 2: Die wichtigsten Aspekte des Qualitätsbegriffs, die je nach Land variieren

	Weniger wichtig				Sehr wichtig			
	Frankreich	BRD	USA	Japan	Frankreich	BRD	USA	Japan
Pünktlichkeit								
Schnelligkeit								
Aufmerksamkeit								
Rücknahme der Artikel								
Freundlichkeit								
Höflichkeit								
Ehrlichkeit								
Schnelligkeit der Reaktion								
Genauigkeit der Reaktion								
Gebrauchsanleitung								
Achtung des Kunden								
Einbeziehung der Kundenmeinung								

Übersicht 2 enthält die wichtigsten Aspekte, in denen sich verschiedene Länder voneinander unterscheiden können. Auf diese Weise erhalten wir einen geographischen Überblick über die Qualität des Service, den der weitgereiste Leser seinen eigenen Erfahrungen entsprechend vervollständigen kann.

Die Zufriedenheit des Kunden: Erforschung eines Geheimnisses

Alle von uns soeben erwähnten Faktoren, die die Wahrnehmung der Qualität beeinflussen, machen Untersuchungen über die Zufriedenheit der Kundschaft überaus kompliziert, wenn nicht gar verworren. Dennoch sind sie unerläßlich; denn die Kunden neigen häufig dazu, ihre Unzufriedenheit über Service nicht mitzuteilen, was das Problem nicht gerade vereinfacht.

Der Grund hierfür ist einfach: Die meisten Serviceleistungen werden von Menschen getätigt, und um seine Unzufriedenheit auszudrücken, muß der Kunde zwangsläufig jemanden belasten, ihm vielleicht sogar Schwierigkeiten bereiten, sofern seine Beschwerde nicht als Angeberei aufgefaßt wird. Insofern ist es wesentlich einfacher, wegen eines defekten Getriebes schriftlich zu reklamieren, als sich persönlich über einen ungeschickten Ober oder eine unfreundliche Hostesse zu beschweren. Dieses Schweigen ist um so schwerwiegender für das Unternehmen, als die Unzufriedenheit über den Service sehr groß sein kann und der Kunde dem Unternehmen nur selten eine zweite Chance gibt. Ein bei der ersten Erfahrung unzufriedener Kunde ist fast immer auch ein verlorener Kunde.

Die Erfahrung zeigt, daß von 100 unzufriedenen Kunden nur vier spontan ihre Unzufriedenheit zum Ausdruck bringen! Insofern ist es überaus wichtig, daß jedes Unternehmen von sich aus die Zufriedenheit seiner Kunden untersucht.

Dies heißt insbesondere, daß man die Anzahl der Reklamationen im Vergleich zur Gesamtzahl der Kunden ermittelt und dieses Verhältnis mit der Rate der Unzufriedenheit vergleicht, die aus ehrlichen Umfragen hervorgeht. Bei 100.000 Kunden darf man beispielsweise nicht mehr als 800 Reklamationen erhalten. Sobald Sie die 20%-Grenze überschreiten, müssen Sie Alarm schlagen: Ihre Kunden sind offenbar ziemlich unzufrieden.

Wenn Ihre Rate der Unzufriedenheit unter 20% liegt, sollten Sie sich nicht etwa auf Ihren Lorbeeren ausruhen. Möglicherweise wissen Ihre Kunden einfach nicht, an wen sie sich wenden können. Wenn der Kunde froh ist, seine Unzufriedenheit Ihnen gegenüber nicht aussprechen zu müssen, können Sie dennoch davon ausgehen, daß er dies anderen gegenüber nur zu gern tun wird. Denn nichts ist amüsanter als das Erzählen eines Mißgeschicks. Ein zufriedener Kunde wird seine positive Erfahrung drei Personen mitteilen, ein unzufriedener Kunde sich dagegen bei elf Personen beklagen.

Selbstdiagnose

- Welche Merkmale besitzen Ihre Kunden?
- Gibt es homogene Gruppen?
- Welchen Service erwarten sie?
- Nach welchen Dimensionen beurteilen sie die Qualität des Service?
- Wie verhalten sich diese Dimensionen im Vergleich zu dem Urteil Ihrer Kunden vor 5 Jahren?
- Sind sie anspruchsvoller geworden?
- Sind neue Dimensionen hinzugekommen?
- Welche sind verschwunden?
- Welches ist das schwächste Glied Ihrer Lieferungs-Service-Kette?
  – Nach Ihrer Auffassung?
  – Nach Auffassung Ihrer Kunden?

- Wissen Sie, ob diese Dimensionen in anderen Ländern, in denen Sie ebenfalls Geschäfte tätigen, anders geartet sind? – In welchem Maße?

Kapitel 3
Erstklassiger Service im Dienstleistungssektor

Probleme

Qualitätssicherung von Dienstleistungen ist wesentlich schwerer als die von Produkten. Dies liegt zunächst daran, daß Dienstleistungen im allgemeinen sehr viel mehr Merkmale haben als Produkte, vor allem sehr viel sichtbarere Merkmale. So sind bei der Qualitätssicherung in einem Kaufhaus weitaus mehr Aspekte zu berücksichtigen als beispielsweise bei einem Auto. Außerdem sieht der Kunde bei einem Auto nicht den Bolzen, der das Fahrgestell hält, aber er sieht sofort die schlechte Laune einer Kassiererin. Das Verhältnis zwischen den bei einem Produkt sichtbaren Merkmalen und denen einer Dienstleistung beträgt 1:10. Darüber hinaus haben wir gesehen, daß der Kunde nur schwer das am wenigsten befriedigende Element einer Dienstleistung vergißt; insofern ist es hier ganz besonders wichtig, einen möglichst hohen Grad der Zufriedenheit zu erzielen.

Wenn beispielsweise 1% von 10 Merkmalen einer Dienstleistung fehlerhaft ist, wird es 11% unzufriedene Kunden geben. Wenn die Fehlerquote 5% beträgt, erreicht der Anteil der unzufriedenen Kunden bereits 31%. Wenn eine Dienstleistung 100 Qualitätskriterien umfaßt, läßt eine Fehlerquote von 1% bei jedem dieser Kriterien die Gruppe der Unzufriedenen auf 61% ansteigen. Das Risiko der Unzufriedenheit steigt demnach beträchtlich mit der Anzahl der Parameter, die die Qualität einer Dienstleistung bestimmen.

Je mehr Merkmale eine Dienstleistung hat, um so größer ist das Risiko, Fehler zu begehen und den Kunden nur unzureichend zu bedienen. Der Service von McDonalds ist daher leichter zu organisieren als der Service in einem 3-Sterne-Restaurant.

Die Dauer des Kontakts mit dem Kunden beeinflußt ebenfalls das Fehlerrisiko. Je länger die Transaktion dauert, um so mehr Möglichkeiten gibt es, den Kunden zu frustrieren. Abbildung 3 zeigt, daß es sehr viel einfacher ist, die Qualität eines 24stündigen Aufenthalts zu kontrollieren als die eines ganzen Urlaubsmonats.

Abb. 3: Das Risiko unzufriedener Kunden

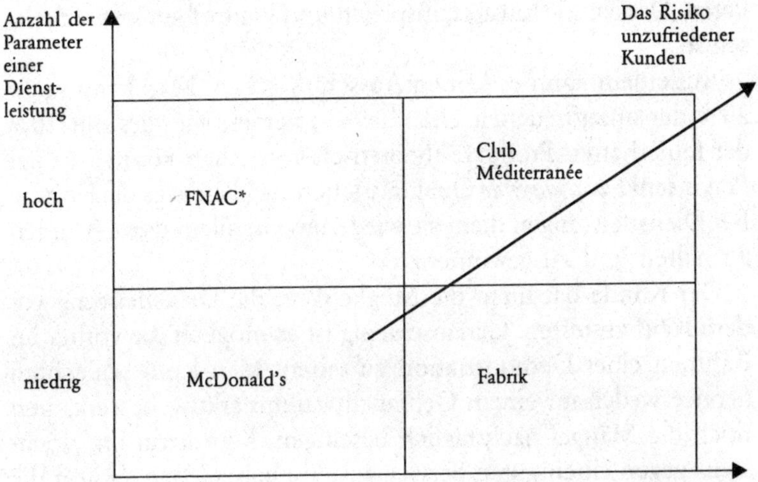

* Die FNAC ist eine bekannte und erfolgreiche Buchhandlung in Paris, die ihr Sortiment stark erweitert hat. (Anm. d. Übers.)

Allerdings sind dies bei weitem noch nicht alle Probleme. Dienstleistungen werden gleichzeitig erzeugt und konsumiert. So kann ein Empfang nicht produziert, kontrolliert, gelagert und schließlich konsumiert werden, sondern er ist Sache eines Augenblicks. Insofern kann es hier keine nachträgliche Qualitätskontrolle geben wie bei den Produkten, ein einmal begangener Fehler läßt sich nicht mehr rückgängig machen. Man kann ihn bestenfalls antizipieren. Wenn ein Kunde einen fehlerhaften Versicherungsvertrag erhält, ist es zu spät, ihn mit einer Entschuldigung zurückzunehmen. Wenn ein Haarschnitt mißlungen ist, hat der Friseur keine Möglichkeit, ihn zu erneuern. Wenn ein Kunde krank wird, weil er schlechte Austern gegessen hat, gibt es nur eine Möglichkeit, den ursprünglichen Zustand wieder herzustellen.

Demnach ist es im Gegensatz zu Produkten unmöglich, die Qualität einer Dienstleistung nach deren Verbrauch zu kontrollieren. Der Kunde mustert, inspiziert und kontrolliert sie vielmehr selbst.

Außerdem kann es keinen Ausschuß geben. Man kann nicht 20% der unzufriedenen Urlauber wegwerfen, wie dies mit 20% der fehlerhaften Produkte theoretisch geschehen könnte. In der Praxis senkt *vorbeugende* Qualitätssicherung allerdings die Kosten. Bei Dienstleistungen dient sie wiederum vor allem dazu, Kunden zu halten und zu gewinnen.

Der Kunde hat nicht die Möglichkeit, die Dienstleistung vor dem Kauf zu testen. Genausowenig ist es möglich, sie vorher im Rahmen einer Demonstration zu sehen. Man kann schlechten Service weder auf einem Gebrauchtwarenmarkt weiterverkaufen noch die Mängel nachträglich beseitigen. Man kann ihn höchstens gegen einen guten Service austauschen. Genau da liegt die lebenswichtige Bedeutung der *Qualität auf Anhieb,* die wir in Kapitel 7 noch eingehender erörtern werden. Da Dienstleistungen gleichzeitig erzeugt und konsumiert werden, hängt ihre Qualität nicht nur vom Anbieter ab, sondern der Kunde übt ebenfalls einen direkten und keineswegs unbeträchtlichen Einfluß aus. Schauspieler spielen am besten vor einem »guten« Publikum, und der Erfolg einer Kreuzfahrt hängt weitgehend von der Harmonie der Reisenden untereinander ab. Und EDV wird nur dann völlig befriedigende Ergebnisse bringen, wenn sie von qualifiziertem Personal bedient wird.

Für erstklassigen Service ist es überaus wichtig, die Bestandteile des Service, die nicht direkt mit dem Kunden zu tun haben, von denjenigen zu trennen, die den Kunden direkt betreffen. Dadurch kann man auf erstere die in der Industrie üblichen Methoden zur Qualitätssicherung anwenden. In einer Bank verfügt beispielsweise der Kundenbeauftragte über eine Datenbank für verschiedene Finanztransaktionen, die unabhängig von seinem Beratungsdienst ist und jeweils auf den neuesten Stand gebracht wird. Er kann sich völlig auf sie verlassen, um eine spezifische Geldanlage für diesen oder jenen Kunden vorzunehmen.

Das letzte, aber keineswegs leichteste Problem der Qualitätssicherung von Dienstleistungen ist ihre geographische Streuung. Wenn zwei Fabriken ein Produkt herstellen, das für den Weltmarkt bestimmt ist, läßt sich die Qualität der Produktion zweifellos sehr viel leichter kontrollieren als die der zahllosen Verteilerketten und Verkaufsstellen, die für den Vertrieb und den Verkauf an den Kunden verantwortlich sind. Je stärker dezentralisiert die Dienstleistung angeboten wird, um so größer ist die Gefahr der Abweichung von den Qualitätsnormen und um so schwieriger läßt sich die Qualität kontrollieren.

Die Kosten guter und schlechter Qualität

In den letzten Jahren hat man mit allen nur erdenklichen Methoden versucht, die Qualität von Produkten zwecks Kostensenkung zu verbessern. Z.B. wurden die Arbeitnehmer zu Verbesserungsvorschlägen aufgefordert, um dadurch die Kontroll- und Beförderungszeiten auf dem Fließband und die Ausschußrate zu verringern.

Anstatt einen Franc für Kontrolle oder Neuproduktion auszugeben bzw. als Ausschuß zu verlieren, ist es sinnvoller, in einen

Qualitätszirkel zu investieren, der über Möglichkeiten zur Einsparung dieses Franc nachdenkt.

1983 ergab eine Untersuchung des französischen Industrieministeriums in Zusammenarbeit mit 130 Unternehmen, daß die sichtbaren Kosten schlechter Qualität in der Industrie und im Baugewerbe sich auf rund 100 Mrd. Franc belaufen. Die Verbesserung der Qualität bietet demnach beträchtliche Gewinnmöglichkeiten.

Demgegenüber lassen sich die Kosten von Dienstleistungen nur geringfügig durch bessere Qualität senken. Andererseits sind die Vorteile der Fehlervermeidung durchaus bemerkenswert. Mundpropaganda, die ihre Zufriedenheit über eine Leistung ausdrückt, kann zu nicht unbeträchtlichen, zusätzlichen Verkäufen führen. Wenn von 100 fertiggestellten Autos 10 fehlerhaft sind und 10% zusätzliche Kosten erzeugen, entstehen dadurch zusätzliche Kosten in Höhe von 1%. Das Null-Fehler-Ziel erlaubt demnach einen Maximalgewinn von 1%.

Auf Seite 42 sagten wir, daß ein zufriedener Kunde seine Begeisterung drei Personen mitteilen, ein unzufriedener Kunde sich dagegen bei 11 Personen beklagen wird. Demnach kann eine Unzufriedenheitsrate von nur 1% einen Kundenverlust von bis zu 11% nach sich ziehen.

Genau dies bezeichnet der Chef der Hotelkette Marriott als die »50 Millionen Augenblicke der Wahrheit«, womit er meint, daß der Kunde jeden Tag in der Welt 50 Millionen Kontakte mit der Hotelkette hat und daß in jedem dieser Augenblicke der Ruf des Unternehmens auf dem Spiel steht. In jedem Augenblick gibt es einen zufriedenen oder unzufriedenen Kunden, der seine Erfahrung an Bekannte weitergibt.

Die Qualitätssicherung von Dienstleistungen erfordert natürlich Investitionen, die ziemlich hoch sein können. Da es um *Qualität auf Anhieb* geht, handelt es sich dabei im wesentlichen um Präventivinvestitionen. Dennoch gilt unabhängig von der Höhe der erforderlichen Summen, daß die Kosten guter Qualität im allgemeinen deutlich niedriger sind als die schlechter Qualität und daß der Ertrag eines guten Service sehr hoch ist. Denn erstens ist es sehr viel schwieriger, einen neuen Kunden zu gewinnen, als einen zufriedenen Kunden zu halten. Der beste Beweis hierfür sind die enorm hohen Werbebudgets.

Zweitens muß das Unternehmen vorbeugende Investitionen mit den Kosten internen und externen Versagens vergleichen. Übersicht 3 führt die Gesamtkosten der Qualität mit ihren unterschiedlichen Komponenten auf. Ein kürzlich erstelltes Programm zur Fehlervermeidung hat in einem Unternehmen des Distributionssektors zu Kosteneinsparungen zwischen 30 und 50 Millionen Franc geführt. Die dazu erforderliche Investitionssumme entsprach dagegen nur etwa 10% der entstandenen Gewinne.

Übersicht 3:

Die Gesamtkosten der Qualität

- Präventivkosten: Dies sind alle Ausgaben, die das Ziel haben, Fehler zu vermeiden und Qualität auf Anhieb zu gewährleisten.
- Inspektions- und Kontrollkosten: Alle Ausgaben für die Qualitätskontrolle. Eine nachträgliche Revision ist praktisch keine Hilfe, da der Kunde bereits das Problem erkannt hat.
- Kosten internen Versagens: Alle Ausgaben, die durch schlechte Qualität bedingt sind, wie die zweimalige Erstellung einer Rechnung, die Entschädigung des unzufriedenen Kunden, Entschuldigungsbriefe, mehr Abfälle und Ausschuß (Papiere und Dokumentationen, die erneuert werden müssen) bei allen materiellen Teilen der Dienstleistung.
- Kosten externen Versagens: Alle Ausgaben, die anfallen, weil neue Kunden gewonnen werden müssen zum Ausgleich für verlorene Kunden, um gegen die negative Mundpropaganda der unzufriedenen Kunden anzukämpfen und um den verlorenen Umsatz der nicht wiederkommenden Kunden auszugleichen.

Noch wichtiger ist jedoch, daß Investitionen in die Qualität eine erstaunliche Quelle für zusätzliche Verkäufe sein können. Die Erfahrung, die ich auf diesem Sektor seit 10 Jahren gesammelt habe, zeigt, daß jeder in die Qualität investierte Franc einen Umsatz von durchschnittlich 100 Franc einbringt. Dieser Gewinn ist zurückzuführen auf die geringere Unzufriedenheit der Kunden, den positiven Einfluß von Mundpropaganda (50–70% der Leute wählen eine Dienstleistung auf dieser Basis) und die zunehmende Loyalität.

Es steht also sehr viel auf dem Spiel. Leider ist es meistens sehr schwierig, die Rentabilität von Investitionen in die Qualität im voraus zu schätzen. Während man in der Industrie bereits gelernt hat, beispielsweise Verringerungen der Ausschußrate budgetmäßig zu erfassen, bleibt im Bereich der Dienstleistungen noch sehr viel zu tun.

Das Tandem Mensch – Methode

Die Industrie hat ihre Produktqualität merklich verbessern können, und zwar vor allem mit Hilfe von Maschinen. Dabei waren die wichtigsten Etappen die Automatisierung, die Roboterisierung und die computergestützte Produktion und Konstruktion. Bei den Dienstleistungen hängt der Erfolg jedoch allein von den Menschen und den Methoden ab. Ein Dienstleistungsunternehmen kann erstaunliche Einsparungen erzielen, wenn es die Servicekette zerlegt und die verschiedenen Stufen standardisiert, vereinfacht und zentralisiert.

In dieser Hinsicht ist das Beispiel von Federal Express absolut beispielhaft. Nachdem die Firma mögliche Fehlerquellen während der verschiedenen Phasen des Brieftransports aufgespürt hatte, entschied sie sich für eine einzige Zentrale, in der die Post gesammelt, sortiert und in die verschiedenen Regionen der Vereinigten Staaten verschickt wird. Der Service von Federal Express besteht darin, die Post schnell und an die richtige Adresse zu transportieren. Durch die Zentralisierung aller Sortieraufgaben konnte das Unternehmen zahlreiche mögliche Fehler vermeiden und in diesem Bereich einen Wettbewerbsvorteil ohnegleichen gewinnen.

Die Zentralisierung ist eine Methode, die sich auf sehr viele andere Dienstleistungen anwenden läßt. Auch Wartung und Reparaturen können um eine einzige Zentrale herum gruppiert sein, die die telefonischen Aufträge entgegennimmt.

Diese Form der Vorbeugung wirkt sich zugleich auf die Menschen aus. Bei einer zentralisierten Organisation läßt sich beispielsweise die Qualität der Einstellung, der Selektion, der Ausbildung und Information des Personals sehr viel leichter kontrollieren. Außerdem kann man die Menschen viel eher für Qualität motivieren und ihr Engagement darauf richten.

Genau aus diesem Grund hat der Club Méditerranée beispielsweise beschlossen, in den Vereinigten Staaten eine einzige Buchungszentrale in Arizona zu gründen, die die telefonischen Bestellungen entgegennimmt. In dieser Zentrale, in der mehr als 100 Angestellte arbeiten, wird immer mit der gleichen Geschwindigkeit und derselben Qualität auf alle Kunden reagiert, egal, ob es sich um ein Reisebüro aus Kalifornien oder einen Touristen aus Louisiana handelt. Dank der Telematik können die Banken heutzutage ihre Dienstleistungen sehr viel besser organisieren. So hat die Compagnie Bancaire ein System etabliert, das bei Kreditanfragen eine schnelle Reaktion ermöglicht, denn die Angestellten haben über eine zentrale Datei direkten Kontakt miteinander. Die Zentralisierung ist offenbar nur möglich, wenn die Wünsche der Kunden homogen sind. Wenn der Service dagegen maßgeschneidert sein soll, ist eine dezentralisierte Struktur vorzuziehen. So wird beispielsweise die dortige Vermögensverwaltung durch sehr qualifiziertes Personal in lokalen Büros durchgeführt.

Der Club Méditerranée könnte ebenfalls nicht die Anfragen der Kunden aus seiner Zentrale in Arizona befriedigen, wenn alle völlig andersartige Bedürfnisse hätten. In diesem Falle müßte er seine Dienstleistung über ein Netz von Vertretungen anbieten.

Demnach ist es notwendig, den Service in seine verschiedenen Bestandteile zu zerlegen und für die einfachen und häufigen Elemente eine Standardmethode zu entwickeln, während für spezifische Bedürfnisse eine persönliche Methode angebrachter ist.

Das Tandem Mensch-Methode ist insofern ein wichtiger Faktor, dem jede Qualitätssicherung von Dienstleistungen unbedingt Rechnung tragen muß. Nur beide zusammengenommen können wirklich gute Resultate erzielen.

Mein Bankier ist ein überaus höflicher Mann, der mich immer mit der größten Liebenswürdigkeit empfängt. Dennoch antwortet er mir, wenn ich ihn frage, wie die öffentlichen Schuldverschreibungen derzeit stehen: »Darüber werde ich Ihnen in 14 Tagen Auskunft geben können«. Ganz anders hört sich der in Übersicht 4 dargestellte Fall an, über den *Les Echos* am 13. November 1986 berichtete:

Übersicht 4

Wir stehen zu Ihren Diensten!

Ein Mann befindet sich im TGV, dem Schnellzug Paris-Lyon. Dieser Held der heutigen Zeit, der ganz begeistert von der fortgeschrittenen Technologie ist, beschließt nun, sein Eisenbahnabenteuer mit dem Besuch eines der Buffetwagen der SNCF zu krönen, um dort die verlockenden Köstlichkeiten zu probieren. Er bestellt zunächst einen Kaffee.

Die Theke ist mit Brotkrümeln übersät und voller Getränkeflecken der Reisenden, die vor ihm da waren. Unser Eisenbahnabenteurer, der sicher ein alter Nostalgiker des Orient-Expreß ist, fragt freundlich die junge Bedienung, ob es möglich wäre, die Theke »kurz« mit dem Schwamm abzuwischen. Daraufhin scheint der Zug zu explodieren – als hätte er ein Attentat auf die »Würde« und die Rechte aller versammelten Menschen begangen!

Wie kann man sich im Jahre 1986 eine derartige Vermessenheit erlauben? Wir befinden uns schließlich nicht mehr im Mittelalter, wo die Bauern gnadenlos steuer- und fronpflichtig waren!

Die junge Bedienung, die keineswegs auf den Mund gefallen war und wenig Lust hatte, einen Schwamm in die Hand zu nehmen, hat ihm sehr schnell zu verstehen gegeben: »Also, mein Herr, ich bin kein Dienstmädchen, ich werde bezahlt, um den Service zu machen und nicht, um zu putzen: Soll ich Ihnen vielleicht noch Ihre Schuhe putzen oder Ihr Hemd bügeln? Nein, mein Herr, die Reinigung ist Sache eines Spezialteams, das rechtzeitig kommen wird, dies ist auf jeden Fall nicht meine Arbeit!« Dies war in etwa ihre Antwort. . . .

Diese Art kalte Dusche hat jeder von uns irgendwann schon einmal abbekommen. Unmöglich, sich locker darüber hinwegzusetzen. Sie erzeugt einfach einen Schauer, der einem über den Rücken läuft. Zuerst natürlich, weil unsere Dienstleistungsgesellschaft nur sehr schlecht bedient ist, wenn die Beschäftigten Service mit Servilität gleichsetzen.

Außerdem und vor allem, weil unser gemeinsames Leben aus einem so dichten Netz von Solidarität und Aufmerksamkeit für andere besteht, daß eine Person leicht die Harmonie der Gesamtheit in Frage stellen kann. Die Kette braucht einfach alle ihre Glieder. Wir sind alle in der einen oder anderen Weise »Diener« von irgend jemandem, sei es in der Wirtschaft oder in der Politik, im Berufsleben oder im Privatleben. Genau das ist das Gesetz jedes sozialen Lebens, das im allgemeinen sehr wohl diejenigen belohnt, die den besten Dienst erwiesen haben.

Durch ihre Weigerung, den Schwamm in die Hand zu nehmen, unterläßt die junge Bedienung zugleich die kleine Geste, die alles ändern kann: die Freude, zu geben, und die Möglichkeit, sich selbst berufliche Anerkennung zu beschaffen.

Ist dies ein alter Reflex der Taylorschen Kultur, in der sich jeder nur für seine eigenen Geschäfte interessierte? Oder sind dies Probleme einer Gesellschaft, die keine klaren Wertvorstellungen mehr besitzt?

Die einfache Großzügigkeit erscheint natürlich nicht in der Bilanz der volkswirtschaftlichen Rechnung. Und wenn dennoch von ihr alles andere abhinge?

Selbstdiagnose

- Wie hoch ist die Zufriedenheit Ihrer Kunden?
- Wie hoch ist der durchschnittliche Umsatz pro Kassenbon? Und der Umsatz pro Kunde?
- Wieviel Geld haben Sie im vergangenen Jahr für Rückerstattungen gezahlt?
- Wieviel haben Sie für Revision, Inspektion und Kontrolle ausgegeben?
- Wieviele von Ihren unzufriedenen Kunden werden nicht mehr wiederkommen? (Wenn Sie es nicht schätzen können, gehen Sie von 85% aus.) Wie hoch ist der Anteil der verlorenen Umsätze? Und des verlorenen Umsatzes pro Kunde? Wieviel müssen Sie für Werbung, Verkaufsförderung etc. ausgeben, um die nicht wiederkommenden Kunden zu ersetzen?
- Wie hoch schätzen Sie die Zahl derjenigen ein, die aufgrund negativer Mundpropaganda nicht wiederkommen?
- Wie hoch sind die Gesamtkosten des externen Versagens?
- Wieviel geben Sie für Prävention aus, um Servicefehler zu vermeiden?
- Ist es im Rahmen Ihres Budgets möglich, erhöhte Ausgaben zu Gunsten einer größeren Zufriedenheit Ihrer Kunden (und des damit einhergehenden Umsatzes) zu rechtfertigen?

Kapitel 4
Servicestrategien

Monopole halten sich meistens nur kurze Zeit und sind heutzutage im Schwinden begriffen. Die Lebensdauer der Produkte und Dienstleistungen wird immer kürzer. Mit Hilfe neuer Technologien finden sie überdies immer stärkere Verbreitung und werden immer alltäglicher. Die Segmentierung der Märkte nimmt zu, und der besser ausgebildete, informierte und gepflegte Kunde ist immer schwieriger zufriedenzustellen. In dieser Situation hängt das Überleben des Unternehmens weitgehend von einzigartigen und dauerhaften Wettbewerbsvorteilen ab. Heutzutage sind derartige Vorteile nur möglich in Verbindung mit einer Servicestrategie. Nur damit kann man Kunden halten und gewinnen.

In diesem Kapitel werden wir erörtern, wie ein Unternehmen eine Servicestrategie entwickeln kann, die sein *Know-how* mit den Erwartungen des Marktes kombiniert. Möchten Sie, daß Ihr Unternehmen das Disneyland der Freizeit wird? Oder der McDonalds bzw. das Maxim's im Gaststättengewerbe? Oder vielmehr der OTIS oder Rank Xerox des Kundendienstes? Oder der Accor bzw. der Marriott im Hotelgewerbe? Oder aber vielleicht die Swissair der Luftfahrt? All diese Unternehmen haben eine Servicestrategie entwickelt und angewendet, die ein bestimmtes Marktsegment befriedigt und ihnen einen einzigartigen Wettbewerbsvorteil bietet. So verkauft Swissair ihren Kunden beispielsweise Pünktlichkeit und Sicherheit, während die SAS sich vor allem auf Geschäftsreisende und deren Bedürfnisse konzentriert.

Der Kunde ist König

Man kann es nicht häufig genug sagen: Es gibt kein Unternehmen ohne Kunden! Selbst auf die Gefahr hin, hiermit offene Türen einzurennen, möchte ich an diese nur zu oft vergessene Tatsache erinnern.

Die Zeiten des »Das-wird-schon-irgendwie-verkauft-werden« sind vorbei und werden zum großen Bedauern der Ingenieure nicht wiederkommen. Alle Unternehmen, die dies begriffen haben, selbst Betriebe in Krisensektoren, erzielen außergewöhnliche Ergebnisse. So haben beispielsweise in der Möbelindustrie die »Verrückten« von Ikea während der letzten drei Jahre eine jährliche Wachstumsrate von 50% geschafft. Im übrigen ist es außerordentlich instruktiv, sich einmal in einem ihrer Geschäfte umzusehen, die gegenwärtig überall in Frankreich wie Pilze aus dem Boden schießen. Alles ist hier für und um den Kunden herum organisiert: Klarheit der Kataloge und der Bestellscheine, zahllose Einkaufswagen, Spielparks für Kinder und ein Restaurant, wo die Fröhlichkeit des Ambiente wetteifert mit der Qualität der angebotenen Speisen.

Wer kennt nicht den Pfiff von Benetton in einem krisengeschüttelten Sektor wie der Bekleidungsindustrie? In 20 Jahren hat dieses Unternehmen 4000 Verkaufsstellen in der ganzen Welt errichtet. Dies ist im übrigen einer der seltenen Hersteller von Sportbekleidung, die dem Kunden erlauben, die Ware tatsächlich zu berühren.

Grundsätzlich muß also der Kunde der Ausgangspunkt für eine Servicestrategie sein. Das Ziel einer guten Strategie muß sein, die vorhandenen Kunden zu erhalten und die potentiellen Kunden zu gewinnen. Insofern ist es überaus wichtig, deren Bedürfnisse zu kennen und eingehend zu analysieren. Alle Unternehmen, die dieses elementare Prinzip vergessen, werden früher oder später vom Markt verschwinden.

Im Gegensatz zur Auffassung vieler Unternehmenschefs muß sich nicht etwa der Kunde dem Unternehmen anpassen, sondern umgekehrt das Unternehmen dem Kunden. Bei jeder Mark, die investiert wird, um einen neuen Kunden zu gewinnen, sollte man sich fragen, ob die Investition dessen Bedürfnisse besser befriedigen kann.

Es gibt zwei Möglichkeiten, ein Marktsegment zu erobern: entweder über die Preise oder über einen einzigartigen, herausragenden Wettbewerbsvorteil. Sehen wir uns einmal an, welche beiden strategischen Optionen sich hieraus ergeben.

Preiswettbewerb oder Differenzierung?

In der Regel sind unsere Unternehmen kaum in der Lage, einen Preiswettbewerb zu gewinnen, denn das setzt entsprechende Kostensenkungen voraus. Bei dieser Spirale nach unten gibt es immer einen Wettbewerber, der den längeren Atem hat. Dies ist entweder ein Unternehmen, das auf billigere Arbeitskräfte zurückgreifen kann, oder ein amerikanisches oder japanisches Unternehmen, dessen heimischer Markt so groß ist, daß es schneller die Vorteile der Erfahrungskurve ausnutzen kann.

Im übrigen bieten Preise nur selten einen dauerhaften Wettbewerbsvorteil. Selbst wenn es einem Unternehmen gelingt, eine völlig neuartige Technologie zu entwickeln, wird es irgendwann von den anderen Konkurrenten eingeholt werden.

Andererseits verfügen unsere Unternehmen über ein profundes Wissen, das ihnen beträchtliche Wettbewerbsvorteile mittels Differenzierung bietet. Dabei sind Branchen wie das Hotel- und Gaststättengewerbe, Parfüm, *haute couture,* Tourismus, Freizeit und die Entwicklung von Software genau die Sektoren, in denen französische Unternehmen sich eine dominierende Stellung auf dem Weltmarkt erobern konnten.

Die beste Differenzierungsstrategie besteht darin, sich auf den Service zu konzentrieren. Selbst ein so geschützter Sektor wie das Bankwesen ist dazu gezwungen. Die Banken werden bedrängt von neuen dynamischen Konkurrenten wie La Hénin und La Compagnie Bancaire. Neue Spareinlagen zu gewinnen verursacht astronomische Kosten. Diese Kosten sind auf die überhöhte Anzahl von Niederlassungen und die gesunkene Anzahl von Wertstellungstagen zurückzuführen. In dieser Situation können die Banken nicht umhin, ihre Kunden wieder zu »entdecken«.

Im Gegensatz zu der im Bankwesen nach wie vor weitverbreiteten Vorstellung ist der Kunde alles andere als apathisch. Aus einer vor kurzem durchgeführten Untersuchung geht hervor, daß 25% der Kunden im Durchschnitt die Bank wechseln und ihre Entscheidung mit Unzufriedenheit im Bereich des Service begründen. Außerdem verteilen sie ihre Aufträge immer häufiger auf mehrere Banken, so daß man bereits in der nahen Zukunft mit sehr schnellen Kundenreaktionen rechnen muß.

Die ungläubigen Banken, die daran noch zweifeln, brauchen sich nur an das Gezeter zu erinnern bei der Entscheidung, für Scheckbücher Gebühren zu erheben. Dies ist ein schönes Beispiel dafür, wie man es nicht machen sollte. Denn dem Kunden wurde nichts als Gegenleistung geboten. Er erhielt keinen neuartigen Service für diese zusätzlichen Kosten, die die Bank eigentlich selbst tragen müßte, bevor sie den Kunden für ihre eigene Ineffizienz bezahlen läßt. Immer mehr Leute wechseln ihre Bank, weil sie es satt haben, am Schalter zu warten, sich ihren Kontostand quer durch den Schalterraum zuschreien zu lassen oder sich nur an eine einzige Person wenden zu können, die sie kennen.

Der Wettbewerb über den Service impliziert:

- Für Produkte, daß der Kunde all das bekommt, was er vom Unternehmen über das Basisprodukt hinaus erwarten kann, d.h., den Service vor, während und nach dem Verkauf.

- Für Dienstleistungen: alles, was die Leistung und die Erfahrung im weiteren Sinne betrifft. Das geht von der Art und Weise, wie man eine Fahrkarte verkauft, bis zur Wahl des Flugzeugplatzes.

Hier sind einige Beispiele für guten Service:

- Vor dem Verkauf eines Computers muß zunächst eine gute Bedarfsanalyse und eine klare und genaue Dokumentation erstellt werden; der Verkauf selbst geht einher mit einer technischen Hilfe zur Installation und Inbetriebnahme des Geräts, und anschließend sollten schnelle und effiziente Reparaturen gewährleistet sein.
- Dem Verkauf von Küchengeschirr in einem Kaufhaus geht zunächst eine Parkmöglichkeit sowie ein leichter und angenehmer Zugang zum Kaufhaus voraus, danach folgt eine gute Beratung sowie eine große Auswahl, und am Schluß dürfen keine langen Wartezeiten an den Kassen entstehen, Kreditkarten müssen akzeptiert werden, und die Verpackung muß angemessen sein.
- Auch die Bereitstellung eines Hotelzimmers ist nicht einfach gleichbedeutend mit einer Matratze, die sich auf einem Bettgestell befindet. Gleichzeitig müssen ein Restaurant, eine Bar und Empfangspersonal vorhanden sein sowie die Möglichkeit, Theaterkarten zu bestellen, Geld zu wechseln oder Autos zu mieten, die den Bedürfnissen der Kunden angepaßt sind.
- Auch ein serviceorientierter Haarschnitt läßt sich nicht mehr einfach mit einer Kürzung der Haarpracht des Kunden gleichsetzen. Er muß schnell sein, wenn der Betreffende in Eile ist, modisch, wenn die betreffende Person modeorientiert ist, von einer Tasse Kaffee begleitet sein, wenn er zugleich Vergnügen und Entspannung vermitteln soll.
- Eine gute Vermögensverwaltung beginnt zunächst mit einem freundlichen und vertrauenerweckenden Empfang und stellt Kompetenz unter Beweis, indem die Bedürfnisse des Kunden genau analysiert und seine Fragen richtig beantwortet werden.

Dazu gehören auch eine klare Dokumentation über die Verwaltungsgebühren und die Leistung sowie die sofortige Information über den Wert des Portefeuilles und mögliche antizipierte Veränderungen sowie zuletzt ein Bericht von ein- und derselben Person.

In allen obigen Fällen heißt guter Service, die Bedürfnisse und Erwartungen einer Zielgruppe zu identifizieren, die über den unmittelbaren Nutzen des Produkts oder der Leistung hinausgehen. Diese Serviceorientierung wird zunehmend die Voraussetzung dafür, Kunden zu gewinnen und zu erhalten.

Servicestrategien für Produkte

Wenn man die beiden Dimensionen Preis und Service zugrundelegt, hat der Hersteller von Produkten drei grundlegende Strategieoptionen, die in Abbildung 4 dargestellt sind: *haute-couture* (sehr gezielter Service und hoher Preis), *sur-mesure* (maßgerechter Service und hoher Preis) und *prêt-à-porter* (Minimal-Service und niedriger Preis).

Diese drei Strategien können innerhalb desselben Sektors durchaus nebeneinander existieren, werden sich jedoch jeweils an ein anderes Marktsegment wenden. Die Strategie der *haute-couture* ist für den Kunden gedacht, für den der Preis keine Rolle spielt, der jedoch einen hervorragenden und individuellen Service verlangt. Die Strategie des *prêt-à-porter* wendet sich dagegen an den Kunden, für den der Preis wichtiger ist als der Service, weil er den letzteren entweder selbst erbringen kann oder weil seine finanziellen Möglichkeiten begrenzt sind. Die Strategie des *sur-mesure* versucht wiederum, den Kunden zu befriedigen, der eine *gute Qualität* des Service zu einem *vernünftigen* Preis erwartet.

Die zwei Strategien werden häufig von demselben Produzenten in die gesamte Produktpalette integriert. Dies ist insbesondere

Abb. 4: Servicestrategien für Produkte

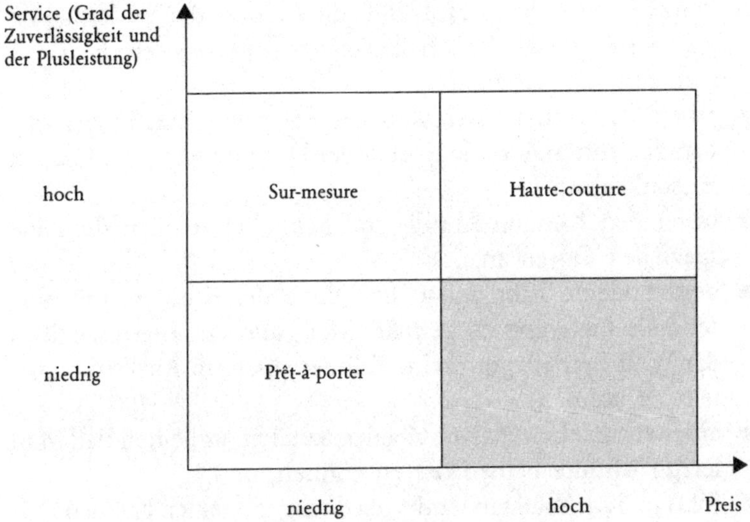

bei der Autoindustrie der Fall, die auf diese Weise versucht, ihre Kunden langfristig an sich zu binden.

Zwar eignen sich nicht alle Produkte für eine Serviceorientierung, doch fehlt es in aller Regel eher an Phantasie als an den Mitteln. Ob Chemische Industrie, Hersteller von elektronischen Bauteilen, Holz- oder Konservenindustrie – es wäre doch gelacht, wenn man nicht mit ein bißchen Erfindungsgeist die Mittel auftreiben könnte, um tatsächlich mit Hilfe eines guten Service mehr zu verkaufen!

Genau dies hat der berühmte amerikanische Hähnchenverkäufer Frank Perdue geschafft. Ein anderes Beispiel ist Crown Cork & Seal, ein Hersteller von Konservendosen und Sprühdosen. Mit einem Marktanteil von 5% und so starken Konkurrenten wie Continental Can hat es dieser kleine Fabrikant geschafft, seine Gewinnspannen und Kapitalrendite auf das zwei- bis dreifache anzuheben. Wie? Mit einer überaus erfolgreichen Politik der *haute couture* mit hohen Zusatzleistungen – und das bei Konservendosen!

Das Unternehmen

- konzentriert sich auf Probleme, die sich aus der Wirkung von Verpackungen auf die Inhalte ergeben (beispielsweise bei pharmazeutischen Produkten),
- arbeitet eng zusammen mit den Forschungsabteilungen der Kundenfirmen, um die Kosten der Dosen und Verpackungen zu senken,
- bietet den Kunden Abfüll- und Schließmaschinen für seine speziellen Dosen an,
- besitzt kleine Fabriken in der Nähe der Kunden, um eine schnelle Lieferung zu gewährleisten, und errichtet überall in der Welt Betriebe, um seine Kunden auch im Ausland bedienen zu können,
- arbeitet ganz bewußt mit Überkapazitäten, um einen Bedarf in letzter Minute befriedigen zu können, und
- führt in Supermärkten Umfragen durch, um seinen Kunden Verpackungen vorzuschlagen, die sich tatsächlich verkaufen lassen.

Wer zahlt nun tatsächlich für diese hohen Zusatzleistungen? Nicht der Kunde. Neben seiner Servicepolitik versucht Crown Cork & Seal, seine Fixkosten rigoros zu senken und investiert ständig in die neuesten Technologien, um seine Produktivität zu erhöhen. Selbst Maschinen, die sich noch nicht amortisiert haben, werden so schnell wie möglich ersetzt, damit das Unternehmen seinen Wettbewerbsvorteil durch Schnelligkeit, Beratung und Flexibilität bewahren kann.

Denkbar sind auch Servicestrategien, die sich auf Zuverlässigkeitsgarantie für den Kunden konzentrieren. Welcher Industrielle wird nicht versuchen, die Reparatur-, Wartungs- und Unterbrechungskosten der Produktion möglichst zu reduzieren? Bei einer Ölbohrung ist ein Ventil kaputt gegangen? Wir bieten eine kostenlose Reparatur innerhalb von 24 Stunden!

Im Grunde gibt es im Bereich des Produktservice zahlreiche Möglichkeiten der Innovation. Man kann seinen Kunden bei der Logistik helfen, bei der Ausbildung, bei den Verfahrensänderungen, die die Maschine verlangt, bei der Kontenführung oder der kostenminimierenden Lagerhaltung und sogar bei der eigentlichen Produktion. Das Null-Fehler-Ziel ist oft unbezahlbar. Leider wird es nur selten erreicht!

Servicestrategie und Lebensdauer der Produkte

Die jeweils besten Servicestrategien ändern sich allerdings möglicherweise mit zunehmender Lebensdauer des Produkts.

Im Falle einer Innovation besitzt der Service zunächst nur wenig Bedeutung, denn der Kunde kann sich das Produkt nur beim Erfinder beschaffen. Da ihn zunächst vor allem das Produkt selbst interessiert, wird er Nachlässigkeiten beim Service leicht entschuldigen – zumal er ein gleichwertiges Produkt nirgendwo anders bekommen kann. Für den Unternehmer ist es vorrangig, in die Entwicklung des Produktes selbst zu investieren; denn der Kunde kennt es schließlich noch nicht so gut und empfindet seine Verwendung als relativ riskant. Man muß ihm daher einen Service mit hoher Plusleistung anbieten: Hilfe bei der Inbetriebnahme, gemeinsame Erforschung seiner Bedürfnisse und der Verwendungsmöglichkeiten und Erstellung eines Berichts seitens des Vertriebschefs. Es geht letztlich darum, ein Servicesystem zu entwickeln.

Im Laufe der Wachstumsphase wird der Wettbewerb immer stärker. Um die Position als Marktführer zu behalten, muß man den Service verbessern und möglichst fehlerfrei gestalten. Denn inzwischen gibt es andere, die ein qualitativ gleichwertiges und vermutlich sogar preiswerteres Produkt anbieten. Folglich muß der Service dem Kunden, über Plusleistungen hinaus, in zunehmendem Maße eine hohe Zuverlässigkeit bieten.

In der Reifephase macht sich schließlich eine Sättigung des Marktes bemerkbar. Hier gibt es drei strategische Optionen:

- Eine Strategie des *prêt-à-porter:* Ein minimaler Service zu einem niedrigen Preis,

- eine Strategie der *haute-couture:* Umfassender Service für das Marktsegment, das danach verlangt und bereit ist, den entsprechenden Preis zu zahlen,
- eine strategische Kombination aus beiden, die verschiedene Möglichkeiten des Service bietet.

Die dritte Option hat den Vorteil, den Kunden mit unterschiedlichen Bedürfnissen entgegenzukommen: Sie bietet dem erfahrenen Kunden, der lieber weniger bezahlen möchte, nur wenig Service, und sie lockt zugleich den unerfahrenen Kunden an, der besondere Hilfe erwartet.

In den schrumpfenden Wirtschaftssektoren bleiben indes nur wenige Marktlücken für den Service *haute-couture.* Deshalb bleibt dem Unternehmen, das sich aus dem Preiswettbewerb heraushalten will, nichts anderes übrig, als sich zurückzuziehen (vgl. Übersicht 5).

Übersicht 5: Servicestrategien und Lebensdauer der Produkte

Entwicklungsphase des Produkts / Servicestrategien	Einführung	Wachstum	Reife	Alter
Beherrschende Dimension des Service	Plusleistung	Zuverlässigkeit	Plusleistung und Zuverlässigkeit	bedeutende Plusleistung oder Rückzug
Strategische Optionen	haute-couture	sur-mesure	prêt-à-porter oder sur-mesure	haute-couture oder Rückzug

Servicestrategien und die Leistungskette des Kunden

Eine Servicestrategie kann nur dann Erfolg haben, wenn sie alle an der Leistungskette Beteiligten berücksichtigt: von den Lieferanten der Rohstoffe über die Verteilung bis hin zum Endkonsum. Um beispielsweise einem Kunden bei der Anwendung des Produkts zu helfen, kann es notwendig sein, auch die bei der Produktion verarbeiteten Rohstoffe miteinzubeziehen. So kann eine Schulung beim Kunden zugleich die Schulung der Vertreter erfordern. Der Surfbretthersteller Mistral kann nicht zuletzt deshalb seine führende Position auf dem Surfbrettmarkt behaupten, weil er seine Vertreter ausbildet und sie zwingt, Einzelteile ebenso wie Endprodukte zu lagern, mit ihnen einen Markt für gebrauchte Bretter zu organisieren und zugleich Surfschulen zu gründen.

Servicestrategien für Dienstleistungen

Für Dienstleistungen gelten dieselben Beziehungen zwischen Preis und Service, allerdings mit dem Unterschied, daß die Dimensionen »Zuverlässigkeit« und »Plusleistung« durch die Qualität der »Leistung« und der »Erfahrung« ersetzt werden müssen. Auch hier gibt es drei Basisstrategien:

1. Die Option der *Gastronomie,* die hohe Preise mit gutem Service verbindet,
2. die Strategie des *à la carte,* die einen maßgerechten Service zu einem angemessenen Preis bietet, und
3. die Option des *fast food,* bei dem ein minimaler Service mit einem bescheidenen Preis einhergeht (vgl. Abbildung 5).

Abb. 5: Servicestrategien für Dienstleistungen

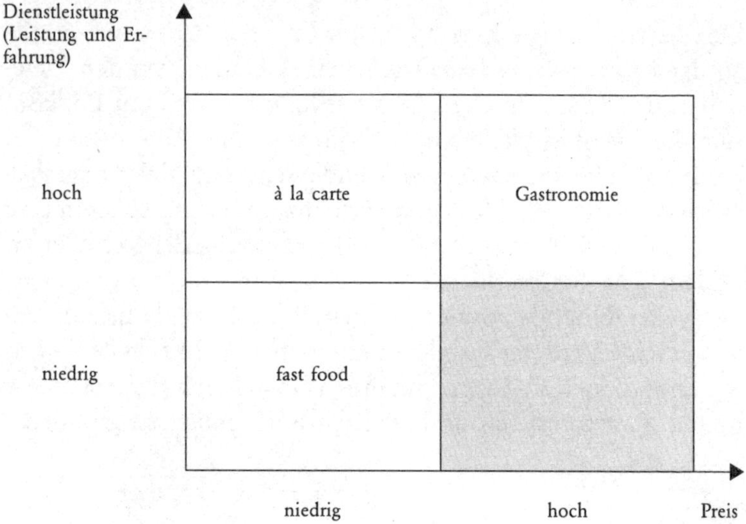

Wodurch wird nun bei einer Dienstleistung ein Service qualitativ hochwertiger? Hier gibt es zwei Aspekte: Die *Intensität* der Interaktion zwischen dem Anbieter und dem Kunden und die *Dauer* des Kontakts zwischen beiden. Somit wendet sich die Kategorie »Gastronomie« an all diejenigen, die einen sehr individuellen Service erwarten und mit denen man viel und lange zu tun hat. Demgegenüber kann die Strategie des *fast food* den Kunden zufriedenstellen, der einen niedrigen Preis bevorzugt und einen Service ohne Interaktion mit einer anderen Person und mit einem ganz kurzen Kontakt erwartet. Abbildung 6 zeigt 4 Leistungen, deren Service in bezug auf die Intensität und die Dauer des Kontakts sehr unterschiedlich ist.

Je stärker der Anbieter die Interaktion mit dem Kunden intensivieren möchte, um so mehr muß er den Service individualisieren. Wenn er andererseits den Preis der Leistung senken möchte, muß er diese um so stärker standardisieren. Die Wahl einer Servicestrategie für Dienstleistungen hängt also von seinen Möglichkeiten

Abb. 6: Beispiele von unterschiedlichen Dienstleistungen, je nach Art des Service

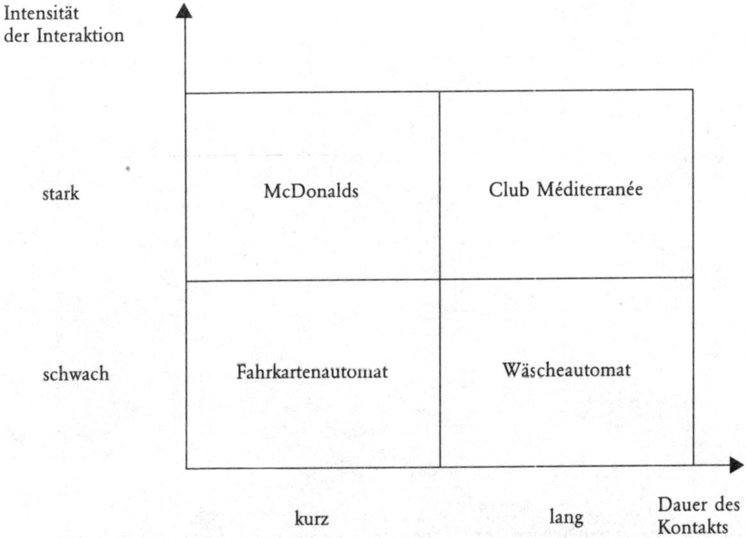

ab, die Leistung zu standardisieren und zu individualisieren. Dies sind zwei Faktoren, die über die Serviceintensität einer Dienstleistung entscheiden (vgl. Abbildung 7).

Die Mehrheit der Dienstleistungen kann sehr wohl mit unterschiedlichen strategischen Alternativen verbunden sein. Bei den Industrieprodukten sind die einzelnen Strategien innerhalb desselben Sektors durchaus miteinander vereinbar, solange sie einen einzigartigen und dauerhaften Wettbewerbsvorteil bewirken, und eine Kombination im Bereich des Gaststättengewerbes läßt sich auch noch ganz gut vorstellen. Im Gesundheitswesen dagegen oder bei Unternehmensberatungen ist die Situation weniger eindeutig. Die Medizin, die traditionsgemäß nach einer Strategie der *Gastronomie* angeboten wird, das heißt einen sehr kostspieligen und sehr individuellen Service bietet (starke Interaktion zwischen dem Arzt und dem Patienten, lange Kontaktdauer), neigt ange-

Abb. 7: Strategische Optionen im Dienstleistungsbereich

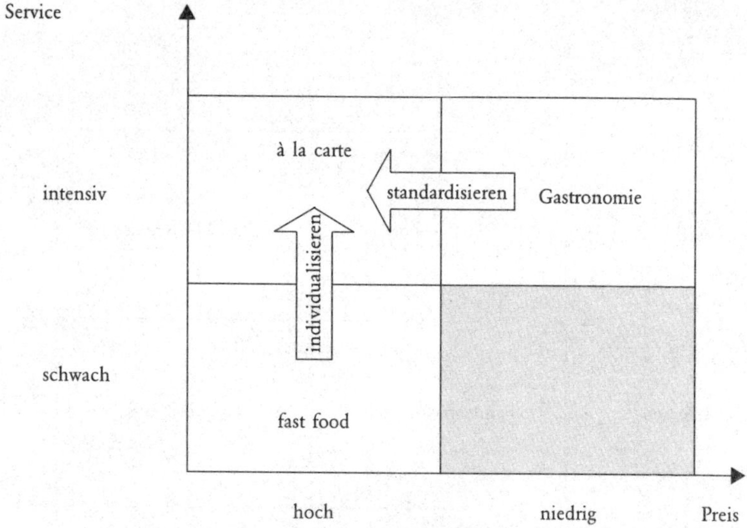

sichts der zunehmenden Konkurrenz immer stärker zur Diversifizierung mit billigeren und stärker standardisierten Leistungen. In den Vereinigten Staaten bieten Tageskliniken bereits eine ambulante Blinddarmoperation oder automatisierte Gesundheitsdiagnosen an.

Die Strategie der Gastronomie

Die Strategie der »Gastronomie« ist die am individuellsten gestaltete, die den Kunden ganz und gar versorgt und ihn am längsten begleitet. Sie geht mit hohen Preisen einher und wendet sich im allgemeinen an relativ eng definierte Marktsegmente. Das muß allerdings nicht heißen, daß ein Unternehmen mit einer derartigen Strategie nicht etwa seine Kosten senken und seine Produktivität erhöhen möchte. Ganz im Gegenteil! Es wird in dem Maße seine Gewinne erhöhen, in dem es diese Strategie erfolgreich umsetzt.

Das Ziel einer Politik der *Gastronomie* besteht darin, ständig das hohe Niveau der mit ihr verbundenen individuellen Leistung aufrechtzuerhalten. Demnach ist die *Anpassung an das Anspruchsniveau* der Schlüsselfaktor für den Erfolg einer derartigen Methode.

Man glaubt häufig zu Unrecht, daß die Strategie der Gastronomie sich nur für Luxusgüter eignet. Dies stimmt nicht. Ein Drukker kann ebenso einen Service der Spitzenklasse anbieten wie ein Maler oder ein Hausmeister.

Die Strategie à la carte

Die Strategie *à la carte* ist ambivalenter und insofern häufig sehr viel schwieriger zu verwirklichen als die der *Gastronomie* und des *fast food.* Hierbei geht es um die Eroberung eines viel größeren Marktes als den der »wenigen Reichen« der *Gastronomie* und zugleich um eine weitgehende Individualisierung des Service – und dies alles zu Preisen, die für eine relativ große Kundschaft akzeptabel sind. Das Ziel ist hier also, möglichst kostengünstige Mittel zu finden (wie die Senkung der Kosten des Kundenkontakts), die aber dennoch eine individuelle Gestaltung des Service erlauben. Hier sind einige Beispiele:

Der Club

Das Clubsystem ist im französischen Management noch relativ unbekannt. Sein Grundgedanke besteht darin, den Kunden zu integrieren, ihm die Möglichkeit zu bieten, einer Gruppe *anzugehören* und auf diese Weise in den Genuß verschiedener Vorteile zu gelangen. Da der Kunde nur seine Mitgliedserklärung schicken muß, sind die Kosten der Kunderwerbung relativ niedrig. Eine Karte mit allem vom Club gebotenen Dienstleistungen (Rundbrief, Sonderangebote, etc.) individualisiert und standardisiert zugleich die Leistung. Die Clubformel ist dann vielversprechend, wenn man sie nicht überstrapaziert. Wenn sie zu stark eingesetzt wird, geht der Sinn des Clubs verloren.

Jeden Tag gibt es neue Dienstleistungsunternehmen, die die Clubidee in die Praxis umsetzen. Dies gilt für Mietwagenagenturen und Luftfahrtgesellschaften ebenso wie für ein Unternehmen wie Cortal, das Marktführer im Bereich der Fern-Finanzierung ist und gegenwärtig ebenfalls die Organisation eines Clubs plant.

Information

Durch die Verwendung der neuen Informations- und Kommunikationsmöglichkeiten können Unternehmen die Kosten der Immobilität senken, ohne den Service zu beeinträchtigen. So mietet Benetton beispielsweise Boutiquen, die nur eine Fläche von 60 qm haben und in denen die gesamten Waren ausgestellt sind. Es gibt einfach keinen Platz für ein Zwischenlager. Aufgrund eines überaus ausgeklügelten Systems der Telekommunikation kann Benetton praktisch sofort alle Bedürfnisse befriedigen.

Die Standardisierung des Know-how

Unternemensberatungen kennen diesen Ansatz nur zu gut, der darin besteht, sich ein bestimmtes Basiswissen anzueignen und die Untersuchungs- und Kommunikationsmethoden anzubieten und zu normieren. Die Vorteile dieser Methode sind eindeutig: Die Beratungsagentur besitzt auf diese Weise ein bestimmtes Know-how, das dennoch relativ exklusiv ist und sie von der Konkurrenz unterscheidet. Außerdem ist dies eine hervorragende Möglichkeit der Qualitätskontrolle und folglich der Verwirklichung des angestrebten Anspruchsniveaus. Die Standardisierung erleichtert überdies die Ausbildung von neuen Mitarbeitern. Zu guter Letzt hat sie noch einen Hebeleffekt, da sich an der Seite der relativ geringen Anzahl von gutbezahlten, erfahrenen Kräften billigere und dementsprechend mehr jüngere Mitarbeiter befinden; dies ist die sogenannte Pyramide der Kompetenzen.

Die Standardisierung der Methoden, der Ausbildung und der Kommunikation läßt sich auch auf viele andere Bereiche anwenden. Es gibt keinen Grund, weshalb eine Reiseagentur nicht eine Methode finden sollte, um einfache Fragen von den jüngeren Kräften beantworten zu lassen und die eigentliche Reiseberatung den erfahreneren Mitarbeitern zuzuteilen. Mit einer derartigen Methode lassen sich der Anteil des persönlichen Urteils und damit die Notwendigkeit der Qualifikation verringern und die Kosten entsprechend senken.

Erhöhte Beteiligung des Kunden an der Serviceleistung

Eine weitere Möglichkeit, die Kosten zu senken und gleichzeitig denselben Grad der individuellen Behandlung zu gewährleisten, ist eine bewußte Lenkung des Kunden mit dem Ziel, ihn stärker am Service teilhaben zu lassen. Die französische Post bietet beispielsweise den Fernmeldekunden die Möglichkeit, zwischen bestimmten Zeittarifen zu wählen. Manche Gaststättenbesitzer haben inzwischen den Reiz eines schönen Salatbuffets entdeckt, und die Hotels stellen ihren Gästen neben Kaffeemaschinen Schuhputzgeräte zur Verfügung, die bei den Kunden großen Anklang finden. Die Computerhersteller überlassen es den Kunden, ihre Einzelteile selbst zu wählen, oder bringen ihnen bei, bestimmte Reparaturen selbst durchzuführen. Allerdings dürfen wir nicht vergessen, daß die Grenze zwischen *à la carte* und *fast food* sehr fließend ist. Je stärker der Kunde selbst intervenieren kann, um so weniger individuell ist der Service und um so größer ist das Risiko, einen Teil der Kundschaft zu verlieren. Insofern ist es um so notwendiger, die Bedürfnisse und Erwartungen der Kunden möglichst gut zu kennen.

Die Strategie des fast food

Durch eine möglichst weitgehende Standardisierung und Verringerung der Kontaktdauer kann der Anbieter einer Dienstleistung seine Kosten und dementsprechend seinen Preis senken. Dadurch wird er interessant für all diejenigen, die stärker auf Preis als auf Service reagieren.

Heute kann man beispielsweise beobachten, daß die Küche im Gaststättengewerbe immer stärker an Bedeutung verliert. Die Fertiggerichte, die im Mikrowellenherd aufgewärmt werden, verdrängen immer mehr die großen Küchen, in denen eine ganze Heerschar von Küchenjungen über die Herde gebeugt ist. Und der Versandhandel bietet heutzutage Kataloge an, die eine ernsthafte Konkurrenz für die Schaufenster der Boutiquen sind, so daß letztere häufig nicht mehr wagen, ihre Preise anzugeben!

Die Servicestrategie als Versprechen

Jeder Servicestrategie liegt ein dem Kunden gegebenes Versprechen zugrunde. McDonalds verspricht Qualität, Schnelligkeit und Sauberkeit. Der Club Méditerranée das Glück. Darty eine große Auswahl zu einem niedrigen Preis. Novotel eine gute Verkehrsanbindung und gemäßigte Preise.

Jedes Unternehmen, das den Schwerpunkt auf Service legt, muß sein Versprechen im Hinblick auf seine Zielgruppe formulieren und dieses klar vermitteln, vor allem aber auch halten.

Wenn das Versprechen sich in weniger als 100 Worten ausdrücken läßt, ist dies ein gutes Zeichen: Ihr Unternehmen ist offenbar serviceorientiert. Wenn Sie es mit weniger als 50 Worten ausdrücken können, haben Sie gute Chancen, in Ihrem Bereich Marktführer zu werden. Wenn Sie sogar nur 25 Worte benötigen, werden Sie mit Sicherheit viel Geld verdienen.

Die Formulierung des Versprechens ist Sache der Geschäftsführung. Von ihr hängt letztlich die Definition der Normen und ihre Einhaltung ab. Hier sind einige Beispiele für derartige Versprechen:
Das Versprechen von Swissair

- Eine moderne Luftflotte.
- Die traditionelle Schweizer Gastfreundschaft.
- Dynamische Anpassung an die Bedürfnisse des Kunden.
- Sicherheit.
- Zusammenarbeit mit anderen Fluglinien, ohne die eigene Identität aufzugeben.

Die Swissair verspricht nicht etwa die modernste Luftflotte, sondern den Einsatz moderner Flugzeuge. Die Singapore Airlines tauscht ihre Flugzeuge alle 2 Jahre aus und erwähnt diese Tatsache in ihren Versprechen. Die Swissair spricht nicht von der »Antizipation der Bedürfnisse«, sondern von einer »dynamischen Anpassung«. Sie war die letzte europäische Gesellschaft, die die *Business Class* eingeführt hat.
Das Versprechen des Club Méditerranée

- Bei uns ist es schön. Alles funktioniert. Alles ist sauber.
- Sie finden Aufmerksamkeit, Großzügigkeit und Phantasie.
- Essen und Trinken nach gusto, nach eigenem Rhythmus, nach eigenem Belieben.
- Leichte Kontakte, Hilfestellung beim Erlernen neuer Aktivitäten.
- Leben ohne Sorgen und ohne Risiko. Sie können schnell vom Leben im Dorf profitieren.

Das Versprechen des Restaurants Bermuda Onion

- Dies ist kein Durchgangsort, sondern ein Treffpunkt.
- Eine internationale Atmosphäre.
- Sie finden nicht nur eine gute Atmosphäre, sondern Unterhaltung.

- Sehen, ohne gesehen zu werden.
- Ein Treffpunkt der Avantgarde.
- Man ißt hier nicht, man verbringt hier einen Abend.
- Man tritt hier nicht ein, man wird hier empfangen.

Wichtig ist, daß man sein Versprechen hält oder zumindest versucht, es zu halten, und Garantien bietet, die das persönliche Engagement unter Beweis stellen. Außerdem muß man bereit sein, eine Entschädigung zu zahlen, wenn man das Versprechen nicht einhalten kann.

Im übrigen kann es nur ein Versprechen pro Zielgruppe geben. Jeder Kunde hat schließlich spezifische Bedürfnisse und Erwartungen. Ein gut formuliertes Versprechen, das sich an desinteressierte Kunden wendet, kann keine erfolgreiche Servicestrategie gewährleisten. Das heißt zugleich, daß das Versprechen ein Projekt des ganzen Unternehmens ist. Die ganze Organisation muß auf dieses Versprechen ausgerichtet sein, angefangen von den technischen Verfahren bis hin zu den Mitarbeitern in Finanzwesen und Kommunikation. Ein Unternehmen muß also genauso viele verschiedene Organisationen haben wie Kundenversprechen. So organisieren sich beispielsweise die Banken immer weniger nach Produkten und immer mehr nach einzelnen Märkten (Institutionen, Unternehmen, Privatpersonen) und nach den Segmenten innerhalb dieser Märkte.

IBM, das 50% seiner Umsätze im Servicebereich erzielt, hat dies nur zu gut verstanden und vor kurzem eine Umstrukturierung nach Industriezweigen vorgenommen.

Bei der letzten Computermesse SICOB »versprach« eine junge französische Firma, die Computerprogramme anbietet, ein Gerät, das einen mit der Hand geschriebenen Text auf einen Computer übertragen kann. Angesichts meines in meiner fürchterlichen Handschrift geschriebenen Manuskripts habe ich den Vertreter sofort gefragt: »Wieviel kostet das?« Niemand hat mir diese Frage beantworten können! Ich hoffe, daß das Unternehmen tatsächlich sein Produkt verkauft, wenn man es auf Knien darum bittet, oder daß es der einzige Treuhänder dieses kleinen Wunderwerkes auf der ganzen Welt ist. Ich wäre jedoch nicht überrascht, wenn es den Concours Lépine* gewinnen und ich letztendlich, wie viele andere auch, ein japanisches oder amerikanisches Gerät kaufen würde.

Selbstdiagnose

- Definieren Sie Ihre verschiedenen Marktsegmente.
- Durch welche Bedürfnisse und Erwartungen sind sie im einzelnen charakterisiert?
- Werden Sie für jedes Marktsegment eine Strategie der *Gastronomie,* des *à la carte* oder des *fast food* wählen?
- Wie sieht das Versprechen aus, das Sie jeder Ihrer Zielgruppen gegeben haben?
- Entspricht es den Bedürfnissen der Kunden? Enthält es auch die für den Kunden wichtigen Ergebnisse? Läßt es Sie als einzigartig und anders als Ihre Konkurrenten erscheinen?
- Besteht es aus weniger als 100 Worten?

---

* Dies ist ein Wettbewerb, bei dem alle Patente und Erfindungen vorgestellt werden. (Anm. d. Übers.)

Kapitel 5
Kommunikation des Service

Die Kommunikation des Service spielt für den Erfolg jeder Servicestrategie eine überragende Rolle. Sie ist ein unerläßliches Mittel, um mehr Kunden zu gewinnen, um die Mitarbeiter zu motivieren und ihnen eine genaue Vorstellung von den angestrebten Qualitätsnormen zu vermitteln.

Wichtig ist, daß diese Kommunikation gezielt geschieht, da sie völlig wirkungslos verpufft, sobald sie versucht, allen gerecht zu werden.

Außerdem beschränkt sich Kommunikation nicht auf die Werbebotschaft oder die technische Dokumentation, sondern sie umfaßt alle direkten und indirekten Situationen und Bedingungen, die eine Beziehung zwischen Kunden und Unternehmen herstellen.

Die Andersartigkeit betonen

Kommunikation ist das einzige Mittel, um von vornherein die eigene Andersartigkeit bzw. den Wettbewerbsvorteil gegenüber der Konkurrenz hervorzuheben. Sie ermöglicht im übrigen die genaue Kenntnis des Kunden mit all seinen Bedürfnissen und die

Assoziation des Produktes bzw. der Dienstleistung mit dem jeweils erforderlichen Service. Singapore Airlines wird heute unweigerlich mit der jungen Frau aus Singapur assoziiert, und jeder, der die Werbung dieser Luftfahrtgesellschaft gesehen hat, verbindet damit automatisch asiatische Freundlichkeit und Gastfreundschaft.

Kommunikation kann auch für sich genommen ein Mittel der Differenzierung sein. Wenn die Lufthansa behauptet, daß sie eine deutsche Gesellschaft ist, muß dies keineswegs ein Gemeinplatz sein. Vielmehr weist sie damit auf ihre Fähigkeiten in bezug auf Organisation, Pünktlichkeit und Effizienz hin. Der Lufthansa-Service zielt darauf ab, Probleme möglichst weitgehend zu antizipieren. Die Werbung, die zwei Techniker vor einem Flugzeug mit dem Text »Bei Lufthansa beginnt der Service bereits vor dem ersten Cocktail« zeigt, bringt dies sehr gut zum Ausdruck.

Ferner ist Kommunikation ein wichtiges Instrument, um die Zielgruppe zu modifizieren. Die RATP hat dazu kürzlich ein hervorragendes Beispiel geliefert: Eine Image-Analyse hat ergeben, daß viele die Metro eher als ein Transportmittel »der anderen« begreifen. Obwohl sie als pünktlich, bequem, schnell und nicht teuer galt, wurde sie dennoch von vielen geschnitten. Um diese Abtrünnigen für sich zu gewinnen, lancierte die RATP ihre berühmte Kampagne »ticket chic, ticket choc«, und kombinierte sie mit kulturellen Veranstaltungen in den Metrostationen. Die Zahl der beförderten Personen nahm innerhalb von 3 Jahren um 10% zu, ohne daß der Metro-Transport als solcher verändert worden wäre.

Die Erwartungen des Kunden aufgreifen

Der Kunde besitzt bereits eine eigene Vorstellung vom Service, d.h. er ist – zu Recht oder zu Unrecht – keineswegs neutral. Er hat entweder positive oder negative Vorurteile, die von der Kommunikation stark beeinflußt werden können. In einem berühmten Restaurant kann man nach der Wahl seines Menüs lesen: »Kochen ist eine Kunst, und die Kunst erfordert Geduld«. Erstaunlicherweise reagiert man tatsächlich weniger ungeduldig.

Viele Anbieter von Serviceleistungen neigen dazu, die Erwartungen des Kunden bewußt zurückzuschrauben, um ihn im Augenblick des Service angenehm zu überraschen. Meines Erachtens ist dies ein Fehler; denn es ist genauso nachteilig, übertriebene wie zu niedrige Erwartungen zu wecken.

Weniger versprechen

Wenn man sein Versprechen so formuliert, daß es von der tatsächlichen Leistung bei weitem übertroffen wird, läuft man Gefahr, seine Zielgruppe zu verfehlen und Kunden anzuziehen, die vor allem von dem geringeren Service angesprochen werden.

Das Versprechen einer »schnellen« Reparatur beim Verkauf einer Maschine beinhaltet im Grunde einen schlechteren Service als das Versprechen einer Reparatur innerhalb von 24 Stunden. Die Leichtgläubigen, die die Maschine gekauft haben, werden zwar angenehm überrascht sein, aber die Mehrheit der Kunden wird eher bei der Konkurrenz kaufen, die von Anfang an eine kurze und genaue Frist angibt.

Mehr versprechen

Ein Versprechen, das die Erwartungen des Kunden zu hoch schraubt, führt schnell zur Enttäuschung und schließlich zum endgültigen Wegbleiben des Kunden. Wenn der Flugpassagier anstelle der von ihm aufgrund des Fotos erwarteten jungen Thailänderin eine Schar männlicher Stewards vorfindet, wird er Schwierigkeiten haben, den asiatischen Charme mit seinem Reisekomfort zu assoziieren. Daher werden die Gäste der Singapore

Airlines immer von Stewardessen bedient, während die Stewards in der Küche bleiben.

Das vom Kunden erwartete Risiko verringern

Vor dem Kauf einer Leistung wird sich jeder Kunde unter anderem mit dem Risiko befassen, das er möglicherweise eingeht. Diesen Aspekt sollte man auf keinen Fall unterschätzen. Dieses Risiko läßt sich auch nicht durch irgendwelche begleitenden Maßnahmen verringern, sondern man sollte versuchen, die Vorurteile des Kunden möglichst zu antizipieren.

Für den unentschlossenen Kunden sind Mundpropaganda und Bekanntheitsgrad des Unternehmens die für ihn entscheidenden Anhaltspunkte. Dabei kann die Kommunikationspolitik des Unternehmens seine Risikowahrnehmung durchaus beeinflussen, indem sie die Werbebotschaft genau auf diese Frage ausrichtet. Wichtig sind hier beispielsweise Referenzen und nachweisliche Erfolge. Ein anderer Ansatz ist eine verstärkte Präsenz in den Medien, um potentielle Kunden in bezug auf das Fortbestehen des Unternehmens zu beruhigen und gleichzeitig all denen ein Gefühl der Bestätigung und Sicherheit zu vermitteln, die bereits gekauft haben. American Express hat seine gesamte Werbestrategie auf Zeugenaussagen von berühmten Persönlichkeiten konzentriert.

Das Serviceversprechen bildhaft darlegen

Ob es sich um ein Auto oder ein Haushaltsgerät handelt, die langlebigen Konsumgüter werden keineswegs allein wegen ihrer technischen Leistung gekauft, sondern sie vermitteln zugleich Prestige, verwirklichen Träume oder bieten irgendeinen anderen psychologischen Vorteil, den allein die Kommunikation darlegen kann.

Citroën entführt Sie auf eine Reittour oder bietet Ihnen einen Blick auf die Chinesische Mauer. Renault schlägt Ihnen ein Auto vor, mit dem es sich gut leben läßt, während Parfüms Ihnen eine Verführung garantieren oder gar einen euphorischen Zauberduft für eine ungewöhnliche Begegnung versprechen.

Da Dienstleistungen naturgemäß immateriell sind, hat Kommunikation die Aufgabe, dem Kunden ihre Vorteile konkret vor Augen zu führen. Sucht der Kunde das Exotische? Dann braucht man ein Foto mit Palmen und feinstem Sandstrand. Verspricht man ihm den Überfluß zu vernünftigem Preis? Dann muß man ihn mit reichhaltigen und üppig garnierten Buffets anlocken. Will man ihm eine Reparaturleistung verkaufen? Dann muß man ihm klar die Bedingungen aufzeigen und diesen Service durch eine genaue Dokumentation konkretisieren.

Visuelle Kommunikation erhält bei den Dienstleistungen eine ganz spezifische Bedeutung: Sie ist der greifbare Beweis für das Versprechen. Daher muß dieses glaubwürdig, kohärent und mit einem Service verbunden sein, der Enttäuschungen möglichst vermeidet.

Beim Service ist alles Kommunikation

Was nützt eine ganze Seite voller Werbung im Vier-Farbendruck, wenn das Unternehmen seine Kunden in tristen Räumen empfängt? Nichts ist schwieriger zu halten als ein Service-Versprechen. Sie erfordern ständige Bemühungen, die häufig sämtliche Beschäftigten des Unternehmens in Anspruch nehmen. Sobald ein Glied der Kette den Kunden enttäuscht, muß die Gesamtheit der Kette darunter leiden.

Alle Aspekte des Dienstleistungsunternehmens tragen letztlich zur Kommunikation seiner Qualität bei: Natürlich die Werbung, aber auch der Empfang, die Reaktion am Telefon, die Verfügbarkeit der Mitarbeiter, die Behandlung der Reklamationen, die Farben der Räume ebenso wie der Lastwagen und die äußere Erscheinung des Personals. Im Bereich des Service gehört alles zur Kommunikation: Man weiß es zwar, vergißt es aber immer wieder. Im folgenden einige Beispiele:

Vor kurzem wollte die UAP, die mit dem Slogan »Nummer eins zu sein, verpflichtet« wirbt, eines ihrer Mietshäuser verkaufen. Die Versicherungsgesellschaft teilte dies den Mietern zwei Monate vorher mit, damit diese Gelegenheit zum Kauf hatten. Die Mieter schrieben ihr daraufhin, um weitere Informationen über das Haus zu erfahren. Anstatt einer Antwort erhielten sie ein zweimonatiges Schweigen, dem schließlich ein Brief mit der Mitteilung folgte, daß die Fristen abgelaufen seien. Man kann wohl davon ausgehen, daß keiner der Mieter ein potentieller Versicherungsnehmer dieser Gesellschaft ist.

Es hat sicherlich seinen Grund, wenn Elis Europe die an Unternehmen geliehene Wäsche in strahlend neuen Lastwagen transportiert, oder wenn Le Framboisier seine Kuchen in einem Wagen transportiert, der aussieht wie ein großes Geschenkpaket: Jedem auf der Straße fällt er auf, und jeder geht davon aus, daß das Unternehmen über eine ganze Wagenflotte verfügt.

Die Werbeslogans des Elektroherstellers Darty sind voller Humor und lösen aufgrund ihrer Kreativität Begeisterung aus. Welcher Kunde ist nicht sofort von Dartys Service überzeugt, nachdem er einen der zahlreichen Werbespots gesehen hat? Die Enttäuschung ist allerdings um so größer, wenn der Kunde einen Verkäufer geradezu »anflehen« muß, ihm eine Waschmaschine zu zeigen, nachdem er 20 Minuten vergeblich gewartet hat – sofern er nicht schon wutentbrannt weggegangen ist.

Der Telefonservice ist wichtig für den Ruf eines Unternehmens

Das Image eines Unternehmens und seiner Dienstleistungen wird im wahrsten Sinne des Wortes mit jedem seiner zahlreichen täglichen Telefonanrufe vermittelt. Daher ist die Beantwortung der folgenden Fragen unerläßlich: Wer beantwortet das Telefon? Und wie? Wie schnell? In welchem Ton? Wird der Anrufer immer sofort dem richtigen Adressaten zugeleitet? Gibt es bei Abwesenheit einen automatischen Anrufbeantworter? Wie wird eine Anfrage behandelt, die man nicht sofort beantworten kann? Wird Mißbrauch mit der »Unterhaltungsmusik« betrieben, die für den am anderen Ende Wartenden zum Ärgernis werden kann?

Der Telefonservice muß mit genau derselben Sorgfalt betrieben werden wie die Produktion oder die Buchhaltung. Zu diesem Zweck sollte man zunächst eine vollständige Liste all der Parameter erstellen, die ab dem Augenblick zum Tragen kommen, in dem abgehoben wird, bis zur vollkommenen und vollständigen Zufriedenstellung des Anrufers. Für jeden dieser Parameter sollte man einen Qualitätsstandard definieren, mit dessen Hilfe sich der Service messen läßt. Auf diese Weise kann man die Anzahl der verloren gegangenen Anrufe erfassen und die Anzahl der Läutsignale, bevor der Hörer abgehoben wird, ferner die durchschnittliche Wartezeit, um die Antwort oder den richtigen Gesprächspartner zu finden, und die Anzahl der schriftlichen oder mündlichen Reklamationen, die sich auf die Fähigkeiten des Telefonpersonals beziehen.

Das »telefonische Lächeln« allein reicht nicht aus. Man muß zugleich dafür sorgen, daß genügend Leitungen vorhanden sind, daß der Anruf automatisch beantwortet und die Anfrage in den folgenden Stunden oder Tagen tatsächlich behandelt wird. Vor allem aber darf man nicht vergessen, daß ein schlecht behandelter Kunde ein verlorener Kunde ist.

Der allgegenwärtige Empfang

Viele Unternehmen meinen, eine Empfangspolitik bestehe bereits darin, eine hübsche Person hinter einen riesigen Blumenstrauß zu setzen. Sie haben unrecht. Der Empfang findet bei jedem Kontakt des Unternehmens mit dem Kunden statt, egal ob dies innerhalb oder außerhalb seiner Wände ist. Insofern spielt ein Besuch bei dem Kunden eine ebenso wichtige Rolle wie ein geschäftliches Treffen, der Geschäftssitz oder die Räumlichkeiten der Vertreter.

Auch hier ist das Lächeln nicht der einzige Parameter: Man muß den Kunden mit seinem Namen anreden, eine dem Service angemessene Kleidung tragen und Pünktlichkeit gewährleisten, um tatsächlich einen guten Empfang bieten zu können.

Ein guter Barmann gibt Ihnen ein Begrüßungszeichen, wenn Sie in sein Bistro eintreten, um Ihnen mitzuteilen, daß er Sie gesehen (d.h. erkannt) hat, selbst wenn er an einem Tisch beschäftigt ist. Die Empfangsdame einer Firma kann eine ankommende Person ebenfalls mit einem kurzen Zeichen der Begrüßung empfangen, auch wenn sie gerade telefoniert.

Es muß ja nicht die persönliche Begrüßung der Kundin sein, die auf jeder der zahlreichen Etagen in den japanischen Kaufhäusern geboten wird, aber es wäre auf jeden Fall vorteilhaft, wenn das Empfangspersonal bei der Ankunft von Kunden sein Gespräch unterbrechen würde, ohne diesen das Gefühl zu vermitteln, daß sie hier stören.

Die Dokumentation: Stiefkind der Kommunikation im Dienstleistungssektor

Es erstaunt mich immer wieder, daß Serviceunternehmen ihrer Dokumentation meistens eine umgekehrt proportionale Bedeutung beimessen wie die Hersteller von Produkten. Wann haben Sie – Bankiers, Mietagenturen, Gaststättenbesitzer und Unternehmensberater – Ihre Dokumentation zum letzten Mal selbst gelesen? Wissen Sie, ob sie noch Ihr Serviceversprechen reflektiert? Und sind Sie sich dessen sicher? Haben Sie Ihre Kataloge, Rechnungen und Ihren Briefkopf einmal betrachtet? Entsprechen all diese Dokumente genau der Qualität, die Sie bei Ihrem Service gewährleisten wollen?

Große Skeptiker seien auf das Beispiel der Pensionskassen verwiesen. Solange es noch um Kundenwerbung geht, haben die künftigen Rentner das Vergnügen, eine hinreißende Hochglanzbroschüre zu erhalten, die voller Versprechen ist. Sobald sie jedoch Mitglieder geworden sind, erhalten sie per Post eine befleckte und anonyme Fotokopie, in der sie aufgefordert werden, innerhalb kürzester Zeit zu antworten . . . ein hervorragendes Beispiel dafür, wie man es *nicht* machen sollte!

Das Distributionssystem einbeziehen

Das Problem wird noch komplizierter, wenn das Unternehmen keinen direkten Kontakt mit seinem Kunden hat. Dann muß nämlich dafür gesorgt werden, daß die Kommunikation, für die die Partner verantwortlich sind, ebenfalls mit dem Anspruchsniveau übereinstimmt. Diese Aufgabe ist nicht einfach, denn die Partner, die ja nicht immer Alleinvertreter sind, haben andere Prioritäten und Standpunkte.

Um eine möglichst weitgehende Übereinstimmung in der Kommunikation zu erzielen, sollten gemeinsame Aktionen mit den Partnern vereinbart werden.

Die konkrete Form dieser Zusammenarbeit hängt natürlich von der Kräfteverteilung zwischen den beiden Parteien ab. Wenn das Unternehmen dem Endverbraucher ein Begriff ist, wird es seine Partner mühelos von einer gemeinsamen Strategie überzeugen können. Dabei muß es diese davon überzeugen, daß es in ihrem eigenen Interesse liegt, ein möglichst homogenes Serviceversprechen zu gewährleisten.

Um sein Image in den Vereinigten Staaten zu wahren, hat der Club Méditerranée die Reisebüros davon überzeugen können, einen Teil ihrer Provision für gemeinsame Aktionen zu verwenden. Daraufhin hat der Club ein Ausbildungszentrum für Reisebüros eingerichtet und gemeinsam mit ihnen das Werbekonzept, das Direktmarketing, die Präsentation der Schaufenster und die Dokumentation entwickelt bzw. durchgeführt. Während die Händler auf einen Teil ihrer Provision verzichten, dafür aber mit erhöhten Umsätzen rechnen können, kann das Unternehmen seinerseits eine homogene Kommunikationspolitik gewährleisten.

Die Mitarbeiter motivieren

Kommunikation hat für das Unternehmen einen zweifachen Vorteil: Sie informiert die Beschäftigten über die Qualitätsnormen und die Versprechen des Unternehmens gegenüber dem Kunden. Dies hat für jeden Mitarbeiter bestimmte Konsequenzen für seine Arbeit, die von der Art und Weise, mit der die Empfangsdame das Telefon beantwortet, bis hin zur Behandlung von Reklamationen reichen.

Außerdem weckt sie Stolz und mobilisiert Energien. Viele Werbekampagnen stellen das Personal in den Vordergrund. Das halten sie vielleicht für normal, da der Service vor allem eine personengebundene Angelegenheit ist. Dennoch gibt es genügend Unternehmen, die den Wert ihrer Mitarbeiter nach wie vor – und zu Unrecht – unterschätzen. So hat British Airways vor zwei Jahren – am Ende eines Programms der Qualitätsverbesserung – ein neues Plakat entwickelt, auf dem ihre Stewards als Supermänner verkleidet waren.

Entscheidend ist, daß man den Service zunächst seinen Mitarbeitern und dann seinen Kunden verkauft. Ein skeptischer Angestellter ist außerstande, einen Kunden zu überzeugen. Ein überzeugter Mitarbeiter überzeugt mühelos seine Kunden. Die auf diesem Gebiet erfolgreichsten Unternehmen veranstalten wahre Kampagnen, um ihrem Personal das angestrebte Anspruchsniveau zu vermitteln. Diese Kampagnen sorgen nicht nur für eine in der Kommunikation unerläßliche Kontinuität, sondern sie erzeugen bei den Mitarbeitern zugleich Stolz und Freude an dem geleisteten Beitrag.

Der Ausgangspunkt jeder Kampagne muß eine klare und stimulierende Devise sein, mit der sich das Personal identifizieren kann – wie bei den Rittern, die einen Kreuzzug antraten oder sich dem Banner ihres Königs verschrieben. Diese Devise muß das gesamte Qualitätsprojekt beschreiben.

Anschließend sollte das Unternehmen eine Reihe von Aktionen organisieren, die gutes Serviceverhalten verstärken und schlechtes bestrafen: So kann es beispielsweise Belobigungsschreiben ans schwarze Brett hängen, in der Unternehmenszeitung über erfolgreiche Maßnahmen der Servicequalität berichten, regelmäßige Treffen über Qualität abhalten, Medaillen an Mitarbeiter für gute Kundenbedienung überreichen, Wettbewerbe für den besten Empfang des Monats oder die beste Reparaturleistung organisieren und einen »Service-Champion« wählen. Hierbei geht es vor allem darum, dem Personal die Bedeutung der Qualität für das Unternehmen vor Augen zu halten.

Als Jan Carlzon die Leitung der schwedischen Luftfahrtlinie SAS übernahm, hatte sie Verluste von 70 Mio $ erwirtschaftet. 15 Monate später erzielte sie bereits Gewinnrekorde. Carlzon verdankt diese Leistung nur seiner Voraussicht. Er hatte begriffen, daß das Schicksal der SAS nicht in seinen Händen, sondern in denen der 20.000 Beschäftigten lag. Deshalb trommelte er sie alle zusammen und sagte ihnen: »Die SAS ist von nun an die europäische Luftlinie der Geschäftsleute. Hier sind die Richtlinien für diese Politik, es liegt nun an Ihnen, diese in die Tat umzusetzen« (vgl. Carlzon 1985).

Die Hotelgruppe Accor besitzt eine Telefonnummer, die alle Mitarbeiter kennen. Sie können sie aus der ganzen Welt anrufen, um auf diese Weise die letzten Informationen über das Unternehmen, seine Projekte und seine erreichten Leistungen zu erfahren. Ein hervorragendes Mittel, um sein Credo immer wieder zu beschwören.

Selbstdiagnose

- Welches ist Ihre Zielgruppe?
- Neigen Sie dazu, Ihr Versprechen zu übertreiben oder zu untertreiben?
- Wie sehen konkret die tatsächlichen Beziehungen zwischen Ihrem Service und dem aus, was Sie Ihren Kunden kommunizieren?
- Wird das Ungreifbare des Service greifbar gemacht? Und wie?
- Besitzen Ihre Reaktionen am Telefon, Ihre kommerzielle und nichtkommerzielle Dokumentation, Ihre Büros und Lastwagen, Ihre Beantwortung der Reklamationen, die Kleidung und die Kompetenz Ihrer Verteiler dieselbe Qualität wie Ihre Werbung? Verstärken Sie die Greifbarkeit Ihres Service, oder bleiben viele Fragen offen?
- Sind Ihre Mitarbeiter vom Service Ihres Unternehmens überzeugt? Haben Sie versucht, sie davon zu überzeugen? Haben Sie dafür dieselbe Sorgfalt aufgewendet wie für Ihre externe Kommunikation?

Kapitel 6
Qualitätsnormen des Service

Die Industrie hat uns zwar an Leistungsnormen gewöhnt, die in Watt, Joule, Zentimetern oder Kilogramm ausgedrückt werden, aber ihr scheint nicht bewußt zu sein, daß genau dasselbe auch im Bereich des Service möglich ist. Bisher hat sie bestenfalls Funktionsnormen definiert, die den Kunden nur wenig oder gar nicht interessieren. So verfügt beispielsweise das Hotelgewerbe über Normen, wie man einen Tisch deckt oder abdeckt oder wie man ein Bett macht. Diese Daten entstammen eher einer Taylor-Tradition* als einer effektiven Politik der Qualitätssicherung. Dies ist so, wie wenn man die Herstellungsnormen für einen Kran definiert, um die Tonnenzahl festzulegen, die er heben kann.

Die Entwicklung von Normen für den Service ist absolut unerläßlich, wenn man diese tatsächlich kontrollieren und objektiv wissen will, ob ein Versprechen eingehalten worden ist.

Um wirklich funktional zu sein, müssen diese Qualitätsnormen die folgenden Bedingungen erfüllen:

- Sie müssen von den Bedürfnissen des Kunden ausgehen,
- sie müssen meßbar und
- in der ganzen Organisation einsetzbar sein.

---

* Der Ingenieur F.W. Taylor war einer der ersten, der sehr weitgehende betriebswirtschaftliche Normen für die Arbeitsteilung entwickelt hat (Anm.d.Übers.)

Normen verkörpern das vom Kunden erwartete Ergebnis

Damit Normen echte Leistungsindikatoren und nicht nur rein funktionale Vorschriften sind, muß man sie so definieren, daß sie das für den Kunden relevante Resultat ausdrücken: Der Kunde wird haben . . . der Kunde erwartet . . . der Kunde wünscht . . .

Anschließend müssen die Aufgaben festgelegt werden, mit denen der Kunde zufriedengestellt werden kann: Das Empfangspersonal muß . . . die Hostesse wird . . . der Reparaturdienst leistet . . .

Nach der – eindeutigen – Definition dieser konkreten Aufgaben werden die Methoden zu ihrer Durchführung festgelegt.

ERWARTETES ERGEBNIS VOM KUNDEN

↳ ZU ERFÜLLENDE AUFGABEN

↳ METHODEN DER DURCHFÜHRUNG

Eine Norm der Servicequalität muß immer von den Bedürfnissen des Kunden ausgehen – nur so ist Kohärenz gewährleistet. Außerdem weiß dadurch jeder Mitarbeiter des Unternehmens, was er zu tun hat und warum. Eine Bankangestellte wird dann besser verstehen, warum man dem Kunden den Kontostand nicht quer durch die Schalterhalle zurufen darf, wenn sie weiß, daß der Kunde sehr viel Wert auf Vertraulichkeit legt. Mit diesem Wissen wird sie zugleich ihre Arbeitsweise verbessern können. Wenn der Andrang groß ist, wird sie beispielsweise den Betrag auf ein Blatt Papier schreiben und dieses dem Kunden diskret überreichen.

Die Kunden der Hotelkette Marriott erwarten einfach einen individuellen Empfang. Dementsprechend haben die Pagen den Auftrag, nicht nur den Koffer im Zimmer abzustellen und dann zu verschwinden, sondern zugleich ein freundliches Gespräch mit dem Hotelgast zu führen. Um dies zu schaffen, können sie beispielsweise einen Blick auf das Gepäck werfen, auf dem im allgemeinen der Abreiseflughafen zu lesen ist und diesen als Ausgangspunkt für ein persönliches Gespräch verwenden.

Die Verlagsgruppe L'Expansion schickt ihren Abonnenten eine Broschüre mit dem Titel »Alles was Sie wissen müssen, um Ihr Abonnement schätzen zu können!«. In diesem Dokument ist eine Reihe von Normen für Servicequalität enthalten: Ein Adressenaufkleber, was zu tun ist bei Adressenänderungen, Fragen bezüglich des Abonnements und der Bezahlung, die Liste der Veröffentlichungen und die Überlassung der Adresse an externe Karteien. So weiß der Leser beispielsweise immer, wann sein Abonnement abläuft, und ist insofern nicht überrascht, wenn er seine Rechnung erhält. Der Vertrieb braucht weniger als 4 Wochen, um eine Adresse zu ändern, und es geht sogar noch schneller, wenn der Leser anruft. Die Verlagsgruppe garantiert die Lieferung der Zeitschrift innerhalb von 4 Tagen nach Erscheinen. Man kann sich auf eigenen Wunsch von der Datei entfernen lassen, wenn man nicht mit Werbung überhäuft werden will. Die Broschüre liefert Angaben über Adresse, Telefonnummer sowie die genauen Zeiten und Tage des Telefonverkehrs.

Die Norm definiert letztlich die zur Befriedigung des Kunden unerläßlichen Aufgaben. Dies schließt allerdings nicht aus, darüber hinaus noch mehr und bessere Leistungen zu erbringen. Die Versicherungsgesellschaft Elvia ging sogar so weit, einem Versicherten, der nach einem Unfall im Urlaub zurücktransportiert werden mußte, Blumen und gute Besserungswünsche zu schikken. Und dies, obwohl der Betreffende nur einen Vertrag mit einer Prämie von weniger als 100 Franc monatlich besaß. Insofern ist es erstaunlich, daß der Immobilienmakler, der für den Verkauf eines Appartements für 2,5 Mio Franc eine Provision von 200.000 Franc erhält, nicht einmal auf diesen Gedanken kommt.

Normen müssen meßbar sein

Als Maßstäbe für Normen kommen u.a. Verhältniszahlen oder Werte auf einer kontinuierlichen Skala in Frage. Wie soll man aber menschliche Qualitäten wie Gastfreundschaft oder Liebenswürdigkeit messen? Dies ist ohne weiteres möglich, wenn man nicht quantitative Maßstäbe verwendet. Ein Lächeln bemißt sich nicht nach seiner Dauer; wichtig ist allein die Tatsache, daß es gezeigt wird.

Wichtig ist, daß die mit dem Service verbundenen Verhaltensweisen so weit es geht in quantifizierbare Elemente zerlegt werden. So läßt sich Geschwindigkeit sehr leicht in Stunden, Minuten oder Sekunden messen. Man kann auch Höflichkeit messen, obwohl dies weniger bekannt ist. Sagt man dem Kunden »Guten Tag« oder nicht? Fragt man ihn, wie es ihm geht? Schaut man ihm ins Gesicht? Nähert man sich ihm, ohne ihm dabei zu nahe zu treten? Nehmen wir das Beispiel des Empfangs. Der Empfang ist bei manchen Dienstleistungen die primäre Quelle für Zufriedenheit oder Unzufriedenheit des Kunden. Insofern sollte man sich eingehender mit diesem Problem befassen. Hören wir uns einmal an, was Herr Goirand vom Hotel Westminster in Nizza dazu sagt:

> »Empfangen heißt zugleich jemanden erkennen und ihm Gastfreundschaft gewähren. Der Kunde ist lange gereist, er kommt von weit her. Man muß ihn daher beruhigen und ihm zeigen, daß er am richtigen Ort angekommen ist.«

Wiedererkennen und Gastfreundschaft sind zwei Begriffe, die sich sehr wohl in meßbare Normen übertragen lassen. Ihre wichtigsten Elemente sind:

- Lächeln, Anzeichen der Freude über die Ankunft des anderen;
- verbale Kommunikation, Begrüßung der Person, Nennung seines Namens, Gespräch über seinen Herkunftsort;
- nonverbale Kommunikation mit Hilfe von Zeichen, die dem Kunden das Wiedererkennen beweisen und ihm zeigen, daß er

gern gesehen ist (beispielsweise darf man ihm nicht den Rükken zuwenden oder den Weg versperren);

- visuelle Kommunikation mit Hilfe aller physischen Elemente, die das Gefühl der Sicherheit und des Wohlbefindens beim Kunden verstärken, wie Schilder oder Hinweiszeichen;
- schriftliche Kommunikation in Form von Broschüren und Faltblättern, die in der Sprache des Kunden abgefaßt, leicht lesbar und verständlich sind, egal ob es sich um das Anmeldeformular eines Hotels, den Prospekt eines Reisebüros, den Katalog eines Möbelhändlers oder den Vertrag einer Versicherungsgesellschaft handelt;
- Kompetenz des Empfangspersonals, die Beantwortung von Fragen des Kunden und die Lösung seiner potentiellen Probleme;
- die Gestaltung des Empfangs: Er muß freundlich, angenehm und dem Service angemessen sein. Es wäre völlig abwegig, den McDonald-Kunden in einen Ledersessel zu setzen oder andererseits kein Telefon in den Zimmern eines 5-Sterne-Hotels zu installieren;
- die Kontinuität des Empfangs: Nicht nur der erste Kontakt, sondern der ganze Ablauf bis zum Verkauf muß gut sein, von der Rechnungsstellung bis zum Reparaturdienst.

Bei der Zerlegung des Empfangs in seine verschiedenen Elemente werden Sie feststellen, daß der Empfang, entgegen der vorherrschenden Meinung, keineswegs eine rein personenbezogene Angelegenheit ist. Natürlich sind manche Menschen dafür besser geeignet als andere, aber man kann die damit verbundenen Fähigkeiten auch erlernen – und lehren.

Manchmal ist der Empfang sogar mit gar keinem menschlichen Kontakt verbunden. Jetzt werden Sie meinen, daß dann die Qualität um so leichter zu gewährleisten sein müßte. Leider stimmt das nicht. Haben Sie schon einmal versucht, von Paris im Auto bis nach Maule in den Yvelines zu fahren? Sie verlassen die westliche Autobahn an der Kreuzung Rocquencourt und fahren anschließend in Richtung Versailles. Nach 300 Metern zeigt ein in der Nacht nicht beleuchtetes Schild an, daß Sie nach rechts abbiegen müssen. 150 Meter später nehmen Sie die erste freie Spur, allerdings gibt es davon mehrere, die in kurzen Abständen aufeinander folgen. Maule ist nirgendwo angezeigt. Wagemutig fahren Sie dennoch weiter – und finden sich 2 Kilometer später vor einer Gabelung. Immer noch kein Maule in Sicht! Jetzt haben Sie eine 50%ige Chance, an Ihrem Ziel anzukommen. Wenn Sie den guten Einfall hatten, die linke Straße zu nehmen, fahren Sie noch 10 km weiter, um schließlich in Saint Nom La Bretèche anzukommen und, welche Überraschung, jetzt erscheint endlich der Name Maule auf den Schildern. Ihre Erleichterung ist mindestens genauso groß, wie die schlechte Beschilderung dieser Strecke ungeheuerlich ist.

Je weniger der Service mit menschlichem Verhalten verbunden ist, um so wichtiger ist die Definition und Quantifizierung der Qualitätsnormen. Bei OTIS werden Reparaturen die ganze Woche lang Tag und Nacht innerhalb von 2 Stunden erledigt; dazu genügt ein einziger Anruf. Die Qualität des Fahrstuhlservice wird ausgedrückt durch Schnelligkeit, Beschleunigung, Verlangsamung, Anhalten, Licht- und Tonkulisse.

American Express hat für seine Kreditkarte zwei Normen definiert: Reaktion auf jeden Antrag innerhalb von 24 Stunden und das Null-Fehler-Ziel für die Karte selbst.

Der Club Méditerranée hat seine Normen für das Verhalten seiner *Gentils Organisateurs* mit den Begriffen Höflichkeit, Phantasie, Freundlichkeit, Aufmerksamkeit und Großzügigkeit definiert. Diese sehr genauen Normen helfen sowohl bei der Einstellung als auch bei der Schulung.

Die Compagnie Bancaire verfügt über genaue Normen, um die Kreditanträge ihrer Kunden zu beantworten. Diese Normen beziehen sich nicht nur auf die Modalitäten der Reaktion, sondern auch auf den Stil, die Abwicklung, die zeitlichen Fristen und die Motivation.

Eine Norm muß keineswegs eine absolute Zahl sein, um richtig zu wirken. Sie muß einfach ein gewisses Engagement für das dem Kunden gegebene Versprechen zum Ausdruck bringen. So hat American Airlines 1.200 verlorene Gepäckstücke pro Monat als Obergrenze festgesetzt. Das erscheint Ihnen als viel? Keineswegs. Eine andere Fluglinie verliert sogar 1.300 Gepäckstücke im Monat!

Normen müssen in der gesamten Organisation anwendbar sein

Normen müssen für die gesamte Organisation gültig sein. So hat die Lufthansa beispielsweise ihr Servicesprechen um den folgenden Slogan ergänzt: »Die Geschäftsleute möchten ankommen, nicht warten«. Wenn man dies in Normen umsetzt, heißt dies für die Geschäftsführung: »Der Passagier darf bei jeder Station seiner Reise nicht länger als 30 Minuten warten.« Außerdem ergeben sich hieraus zugleich Normen für die Abfertigung des Gepäcks, die Flugdauer, den Fahrplan und die Rückgabe des Gepäcks. Im Gepäckservice sind diejenigen angesprochen, die das Gepäck aufladen und transportieren, und diejenigen, die es auf das Fließband legen (vgl. Abbildung 8).

Je stärker man sich die konkrete Arbeit hier auf dem Flugplatz anschaut, um so mehr stellt man fest, daß die Arbeit in Normen zerlegt werden muß. Nur so läßt sie sich so ausführen, daß die Ansprüche des Kunden möglichst weitgehend erfüllt werden. Jeder muß wissen, wie seine Arbeit dem Kunden am besten dienen kann.

Insofern ist es nicht verwunderlich, daß die Anzahl der Normen für die Geschäftsführung etwa bei 50 liegt, während es für alle Abteilungen, die direkt zur Servicequalität beitragen, etwa 1000 Normen gibt. Sie bilden schließlich die Basis für erstklassigen Service; denn nur sie verkörpern das in diesem Bereich relevante *Know-how.*

Abb. 8: Normen der Servicequalität

Allgemeine Norm	Spezielle Normen	
Versprechen des Unternehmens (Allgemeine Norm der Servicequalität)	Qualitätsnormen beim Gepäckservice	Qualitätsnormen für den Angestellten der Gepäckabfertigung

	Zu erfüllende Aufgaben	Art und Weise (Methode)	Ergebnis für den Kunden	Zu erfüllende Aufgaben	Art und Weise (Methode)	Ergebnis für den Kunden
Die Passagiere erhalten ihr Gepäck in weniger als 15 Minuten	Vorbereitung der Wagen x Minuten vor der Ankunft	Informationen über den Flug beschaffen	Die Passagiere werden in weniger als 15 Minuten bedient	Bereitstellung der Wagen so nahe wie möglich am Transportband	Alle Wagen werden in der Nähe des Transportbands aufgereiht, der Passagier nimmt sich den ersten Wagen usw.	Die Passagiere werden in weniger als 15 Minuten bedient

Die Normen sind zugleich die Grundlage für Ausbildungsprogramme: Nur zu häufig wird das vom Kunden erwartete Ergebnis in den Seminaren ausgeklammert; statt dessen konzentriert man sich auf das reine Funktionieren eines Service (Decken eines Tisches, Reparatur einer Maschine, Erstellung einer Dekoration, etc.). Insofern ist es nicht verwunderlich, wenn das Personal sich nicht sonderlich motiviert zeigt, da es nicht weiß, warum es mit diesen Methoden arbeiten muß. Erklären Sie Ihren Mitarbeitern, warum Sie diesen Ansatz gewählt haben, und Sie werden überrascht sein über die Phantasie und den Erfindungsgeist, den diese an den Tag legen können.

Schulung des Personals in Qualitätsnormen

Wenn Sie nicht wollen, daß Ihre ohnehin mit Mühe etablierten Normen nur Makulatur bleiben, müssen Sie sie kommunizieren und in Ihrem Unternehmen verbreiten. Hierfür gibt es zwei Mittel: Schulungen und individuelle Betreuung.

British Airways hat für ihre etwa 30.000 Angestellten ein dreitägiges Seminar organisiert, um ihr neues Programm für Servicequalität zu vermitteln. Der Club Méditerranée hat für seine 3.000 *Chefs de village* sechstägige Seminare organisiert, die sich insgesamt über 8 Monate erstrecken und an denen jeweils maximal 50 Personen teilnehmen. Singapore Airlines investiert sogar 12 Ausbildungswochen in ihre Stewards und Stewardessen vor dem ersten Flug.

Das Prinzip der individuellen Betreuung hat sich vor allem in Gaststätten und Hotels durchgesetzt. Ein Servicechef zeigt die jeweilige Arbeit, beaufsichtigt die betreffende Person bei der selbständigen Ausführung, korrigiert sie und überwacht sie während eines bestimmten Zeitraums. Eventuelle Fehler werden sofort korrigiert. Allerdings muß der Betreuer sehr gute Fähigkeiten der Kommunikation, der Hilfestellung und der Präsentation besitzen und sich natürlich die Zeit nehmen, um den Auszubildenden zu beaufsichtigen. Dies ist häufig eine sehr viel größere Investition, als es zunächst den Anschein hat – manchmal bedarf es dazu sogar zusätzlicher qualifizierter Mitarbeiter –, die sich aber durchaus rentiert, da sie die Einhaltung der Normen gewährleistet.

Falls uns die Ausbildung weniger riskant erscheint als die praxisbezogene Lehre, sollte man sich an die Worte von Konfuzius erinnern:

»Man erinnert sich an 10% dessen, was man liest,
man erinnert sich an 20% dessen, was man hört,
man erinnert sich an 30% dessen, was man sieht,
man erinnert sich an 50% dessen, was man hört und sieht,
man erinnert sich an 70% dessen, was man sagt und macht,
man erinnert sich an 90% dessen, was man erklärt, indem man es macht.«

Die Fähigkeit eines guten Service ist nicht nur eine angeborene Qualität, sondern sie läßt sich erwerben. Jeder Verantwortliche eines Unternehmens sollte sich fragen, wieviel er jährlich in die Ausbildung seiner Telefonistinnen, Chauffeure, Empfangsdamen und Schalterangestellten im Vergleich zu den Buchhaltern investiert. Wieviel Zeit wird zur Erklärung der Qualitätsnormen aufgewendet? Wir neigen häufig dazu, auf Naturtalente zu vertrauen. Doch Qualität läßt sich sehr wohl erlernen.

Die Verwirklichung eines kundenorientierten Service

Sobald Qualitätsnormen festgelegt sind, ist die Wahl der für den Service erforderlichen Mittel relativ leicht. Vier Elemente sind dabei wichtig:

- Die Personen, die den Service leisten,
- die Geräte und das Material, die mit dem Service verbunden sind,
- die Verfahren und Methoden, nach denen der Service erbracht wird und
- die für den Service benötigten Grundstoffe.

Sehen wir uns einige Beispiele aus dem Handel an. Wir stellen uns vor, daß ein Kaufhaus sich über Empfang, Komfort und Auswahl einen Wettbewerbsvorteil verschaffen will. Folglich muß es die Kundenwege und die Dekoration des Geschäfts (Ausrüstung) überdenken, es muß zahlreiche Marken führen (Grundstoffe), es muß Methoden zum Empfang, zur Information des Kunden und zur Verwaltung der Lager entwickeln (Verfahren und Methoden) und es muß Verkäufer, Kassierer und das Empfangs- und Informationspersonal auswählen und ausbilden (die Menschen).

Ein freundliches Lächeln wird keineswegs ausreichen, um sich einen Wettbewerbsvorteil zu verschaffen. Dasselbe gilt für schöne Bilder an den Wänden. Vielmehr muß die gesamte Organisation im Hinblick auf das angestrebte Serviceziel neu durchdacht werden.

Die Norm ist nur der Ausgangspunkt einer konkreten Politik, die die zahlreichen – und zwar alle – Dimensionen des Unternehmens betrifft. Qualität läßt keine Kompromisse zu, alles muß berücksichtigt werden. Genau deshalb ist eine erfolgreiche Servicepolitik überaus schwierig. Das Lächeln einer noch so schönen Empfangsdame kann niemals eine Überlastung der Telefonleitungen kompensieren. Im übrigen sind Schwierigkeiten bei der Durchsetzung dieser Politik nie das Problem des Kunden. Ihn interessiert kaum, ob Lieferfristen deshalb nicht eingehalten werden, weil im Werk gerade gestreikt wird. Sie können dieses Mißgeschick höchstens als Erklärung dafür verwenden, warum Sie ihm eine andere Lösung vorschlagen. Warum Sie beispielsweise seinen Auftrag vorrangig behandeln und ihn später *höchstpersönlich* wieder anrufen werden, um den Auftrag zu bestätigen, ihm das Geld zurückzuerstatten oder ihm ein ähnliches Produkt vorzuschlagen bzw. ihm eine Maschine zu leihen. Ohne alternative Lösungsvorschläge ist jede Erklärung unzureichend. Der Kunde wird unzufrieden sein. Erinnern Sie sich: Ein unzufriedener Kunde ist im allgemeinen ein verlorener Kunde, der seine Enttäuschung mit Sicherheit anderen Personen mitteilt.

Um die Qualität im Augenblick der effektiven Leistung zu analysieren und zu kontrollieren, muß man die einzelnen Phasen aufzeigen, die der Kunde durchläuft, um die Serviceleistung zu erwerben. In jeder Phase muß man seine Erwartungen definieren und sie in Qualitätsnormen umsetzen; sich jedesmal fragen, wo Fehler auftreten können (es gibt eine unbegrenzte Anzahl von Möglichkeiten, um einen Service zu »vermasseln«); und für jede Phase die Ressourcen bereitstellen, die gewährleisten, daß der Service die gemachten Versprechen halten kann (vgl. Abbildung 9).

Abbildung 9: Qualitätsanalyse

Die Phasen, die der Kunde durchläuft	→	→	→	→
Was kann mißlingen	?	?	?	?
Mittel – Menschen – Methoden – Ausrüstung – Grundstoffe				

Diese Methode wird den Unternehmen, die mehr auf sich selbst fixiert als auf den Kunden ausgerichtet sind, sicherlich einige Überraschungen bereiten. Sie werden entdecken, daß sie bei einer Serviceorientierung dem Kunden zuallererst die folgenden Fragen stellen müssen:

- Was hat er für ein Kreditproblem – *bevor* wir nach dem Namen seines Vaters und seiner Mutter fragen.
- Was möchte er kaufen – *bevor* wir nach der Zahlungsmethode fragen.
- Wo tut ihm etwas weh – *bevor* wir seine Sozialversicherungsnummer wissen wollen.
- Ob er mit der Maschine eine dringende Aufgabe erfüllen muß – *bevor* wir seine Adresse und seine Telefonnummer erfragen.

Diese Methode ist für den Verkauf von sportlichen Leistungen genauso wichtig wie für den Transport von Briefen. Der private Brieftransporteur DHL besitzt ein Transportsystem, das erstklassigen Service garantiert. Die Briefe durchlaufen eine Reihe von Phasen, in denen mögliche Fehler antizipiert und die notwendigen Mittel zu ihrer Vermeidung bereitgestellt werden. Übersicht 6 zeigt drei weitere Beispiele.

Übersicht 6

Drei Beispiele einer Qualitätsanalyse

Beispiel 1: Das Windsurfen beim Club Méditerranée

Servicestrategie: Freie Wahl, schnelle Nutzung der Vorteile des Clubdorfes

Normen der Servicequalität: sportliche Aktivitäten durchgehend von 9 – 17 Uhr im Selfservice-system mit einem Kurs von 9 – 11 und von 14 – 16 Uhr für diejenigen, die dies wünschen; garantierte Sicherheit; Bereitstellung eines Bretts innerhalb von 15 Minuten; Benutzung des Bretts mindestens 1 Stunde

System der Service-Leistung: Ein Empfang; Verfügbarkeit von Surfbrettern und Zubehörteilen; Sicherheitsboot; Information über Wetterbedingungen und die möglichen Gefahren (Felsen, Strömungen, Zustand des Meeres).

Qualitätsanalyse:

1. *Welche Phasen durchläuft der Kunde mit den dazugehörigen Leistungsnormen?*

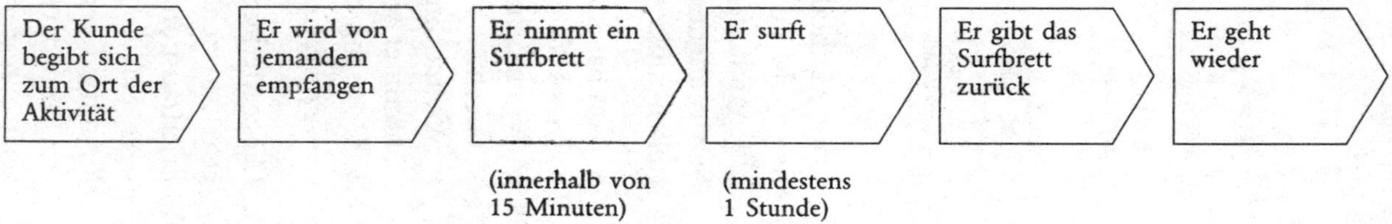

2. Was kann in jeder Phase mißlingen?

■ ungünstige Zeiten ■ schlecht ausgeschilderter Ort ■ schlecht zugänglicher Ort	■ kein Empfang ■ kalter und unangenehmer Empfang ■ keine Information über die Risiken ■ keine Beratung über den Brettyp	■ kein Surfbrett ■ Brett im schlechten Zustand ■ der Kunde kann sein Surfbrett nicht allein tragen	■ zerbrochenes Material ■ das Surfbrett kentert ■ der Kunde kann nicht allein zurückkommen ■ er bekommt einen Sonnenbrand	■ der Kunde muß das Brett vorzeitig zurückgeben ■ er kann es nicht allein tragen ■ es muß gereinigt werden ■ er baut es ab und jemand anders nimmt es ihm ab ■ er landet sehr weit entfernt vom Ausgangspunkt und muß es tragen	■ verlorene Sachen ■ kein Abschied

3. Welche Ressourcen in bezug auf Menschen, Methoden, Ausrüstung und Material stehen zur Verfügung, um die Qualität zu gewährleisten?

Menschen	■ Anzahl der Mitarbeiter ■ Ausbildung der Mitarbeiter	■ Hilfe	■ Sicherheit	■ Hilfe	■ Höflichkeit ■ Sicherheit
Material ■ Hinweisschilder ■ Orientierungsschilder			■ Sicherheitsboot ■ Sonnencreme		■ Sicherheit
Ausrüstung ■ geräumte Wege		■ mehr Material		■ bessere Bretter ■ mehr Bretter	
Methoden ■ Planung des Zeitplans	■ Methoden der Erfassung und Kommunikation Weitergabe von Information	■ Unterhaltung ■ Wahl des Materials	■ Wahl des Materials	■ Wartung der Bretter ■ Kapazitätstest	

Beispiel 2: Der DHL-Service

Servicestrategie:	Lieferung der Unternehmenspost innerhalb von 24 oder 48 Stunden an jeden beliebigen Punkt der Welt.
Normen der Servicequalität:	Lieferung innerhalb von 24 Stunden; fehlerfrei; unbeschädigt (sehr viel Sicherheit); erreichbar zu Bürozeiten.
System der Service-Leistung:	Für den Kunden leicht zugängliche Sammelpunkte; ein Versandpunkt (Sortieren, Versand); ein Ankunftspunkt zum Sammeln der Post.

Qualitätsanalyse:

1. Die Phasen

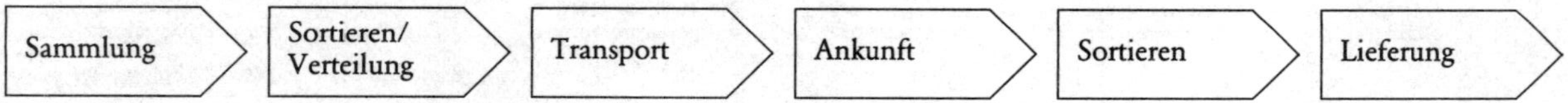

2. *Was kann mißlingen?*

■ Adresse unbekannt ■ zu viele Leute ■ schlechter Empfang ■ Unkenntnis der Tarife ■ Verlust von Briefen	■ Verluste ■ Diebstähle ■ schlechte Orientierung ■ Adresse unlesbar ■ Beschädigung ■ Langsamkeit	■ Verzögerungen ■ Verlust ■ Diebstahl ■ Beschädigungen	■ Verzögerung beim Zoll ■ Verlust ■ Diebstahl ■ Beschädigungen	■ Fehler ■ Verzögerungen ■ Beschädigungen ■ Verlust	■ Fehler ■ Verzögerungen ■ Beschädigungen ■ Verlust

3. *Die Ressourcen*

Menschen ■ Anzahl des ausgebildeten Personal am Empfang	■ Ausbildung im Sortieren		■ Verhandlungen mit Zollverwaltung		
Ausrüstung ■ Lage der Geschäfte	■ Automatisierung des Sortierens/der Verteilung	■ Auswahl der Transportgesellschaft			
Material		■ Container			
Methoden/Verfahren ■ permanentes Verfahren ■ Planung im Hinblick auf die Aktivität	■ Sortiermethode ■ Schutz ■ Entzifferung der Adressen	■ Verhandlungen mit Luftfahrtgesellschaften ■ Versicherungen			

Beispiel 3: Der Verkauf von Heimcomputern

Servicestrategie: Dem Kunden die beste Verfügbarkeit in der ganzen Industrie bieten.

Qualitätsnorm: Reparatur 5 Tage der Woche, 10 Stunden am Tag, beim Kunden; wenn das Gerät nicht innerhalb von 6 Stunden repariert ist, wird die laufende Arbeit von einem anderen Computer übernommen, oder Bereitstellung eines anderen Geräts.

Qualitätsanalyse:

1. Die Phasen

Telefon	Lieferung des Mikroprozessors an den Kunden	der Computer wird repariert	er wird zurückgegeben

2. Was kann mißlingen?

■ antwortet nicht freundlich, kein individueller Service ■ gibt nicht die richtige Antwort ■ Telefon besetzt ■ kennt nicht das Modell	■ kennt nicht die Reparaturdetails ■ kann keinen Preis angeben ■ stellt keine guten Fragen, um die Ursache zu finden	■ besitzt nicht das Ersatzteil ■ kann Ursache nicht finden ■ nicht genügend Personal	■ Gerät funkioniert nicht ■ zu spät zurückgegeben ■ erklärt nicht, warum die Reparatur unmöglich ist ■ teilt nicht mit, wann Gerät repariert ist ■ überhöhte Rechnung ■ falsche Rechnung

3. Die Mittel

Menschen	■ Ausbildung im Empfang	■ Ausbildung in Diagnose, Empfang, Kostenvoranschlag	■ Ausbildung	
Ausrüstung	■ Telefonsystem		■ verfügbare Maschinen	■ Leihmaschinen
Material	■ Dokumentation		■ Einzelteile	
Methoden	■ Methoden, um Kunden zu lenken	■ Informationen über Verzögerungen ■ Know-how des Kostenvoranschlags	■ Methoden der Diagnose, Kontrolle und Reparaturplanung	■ Fakturierung ■ Kontrolle und Tests ■ Mahnwesen

Die American Hospital Supply hat ein EDV-System entwickelt, das ihren Kunden ein einladendes und effizientes Mittel der Auftragsvergabe bietet. Die Durchschnittskosten eines Auftrages liegen bei 500 Franc für ein Krankenhaus; der größte Teil stellt Personalkosten dar, ohne die Lagerkosten zu zählen, die angesichts der Verteilung der Artikel auf die verschiedenen Abteilungen nur schwer meßbar sind. Durch den ständigen Kontakt der Computer untereinander kann das Krankenhaus je nach Bedarf jetzt mehrere Bestellungen täglich aufgeben. Schriftverkehr entfällt ebenso wie die Lagerkontrolle. Alles wird auf Kosten der American Hospital Supply auf dem Computer registriert.

In dieser Hinsicht führen die neuen Technologien bei zahlreichen Serviceleistungen zu beträchtlichen Kostensenkungen. Die Technik des gemeinsamen Bildschirms ermöglicht es beispielsweise, dem Kunden wichtige Informationen mitzuteilen und dabei gleichzeitig ihre Konsequenzen für die Buchhaltung festzustellen. Computer können heute die Anzahl der empfangenden, wartenden oder durchschnittlichen Läutsignale pro Ruf registrieren. Es gibt also immer weniger Ausreden für eine fehlende Qualitätssicherung.

Zum Abschluß dieses Kapitels möchte ich noch darauf hinweisen, daß die bereits bei der Entwicklung der Produkte eingeplante Serviceorientierung enorme Einsparungen ermöglichen könnte. Wenn die französische Eisenbahn bei der Entwicklung des Schnellzugs TGV die Möglichkeit der Anordnung der Sitze ohne Gegenüber eingeplant hätte, solange der Zug nicht voll ist, hätte sie ihrer schwierigen Klientel – den Geschäftsleuten – ohne größere zusätzliche Kosten einen beträchtlichen Service bieten können. Um dieses Versäumnis nachzuholen, wird sie jetzt drei weitere Arbeitsjahre brauchen.

Selbstdiagnose

- Besitzen Sie Normen für die Servicequalität?
- Wieviele?
- Sind sie im Hinblick auf das Ergebnis für den Kunden formuliert?
- Beinhalten sie die Aufgaben und die Methoden, um diese Ergebnisse zu verwirklichen?
- Sind sie in ihrer Formulierung und in ihrer Reichweite für alle Personen geeignet?
- Sind sie allen bekannt?
- Sind sie meßbar?
- Entsprechen sie Ihrem Versprechen bzw. Ihrer Servicestrategie?
- Erinnern Sie in Ihren Schulungsprogrammen vor der Vermittlung der zu erfüllenden Aufgaben und der Methoden daran, weshalb und inwieweit diese dazu beitragen, dem Kunden zu dienen?
- Ist Ihr Service-System kundenorientiert? Oder ist es eher auf die interne Organisation des Unternehmens ausgerichtet?

Kapitel 7
Die Jagd nach Fehlern und das Null-Fehler-Ziel

Wir müssen davon ausgehen, daß dem Kunden kein Fehler entgeht. Insofern ist das Null-Fehler-Ziel beim Service kein Luxus, sondern eine Notwendigkeit. Dabei muß sich das Null-Fehler-Ziel auf das Leistungsniveau bzw. auf die Qualitätsnormen beziehen, die das Unternehmen selbst definiert hat. Es ist also ein relativer Begriff und keine absolute Größe.

Wenn American Airlines beispielsweise die selbst gesetzte Qualitätsnorm von 1200 verlorenen Gepäckstücken pro Monat nicht überschreitet, hat sie das Null-Fehler-Ziel erreicht. Wir hatten ja gesehen, daß ihr direkter Rivale sogar 1300 Gepäckstücke monatlich verliert. Die Luftlinie muß also keineswegs versuchen, eine Verlustrate von Null zu erzielen, da diese im übrigen gar nicht bezahlbar wäre. Eine Nullrate wäre nur dann erforderlich, wenn die Kosten der Passagierverluste aufgrund der Mundpropaganda höher wären als die Kosten des Schadenersatzes.

Qualität auf Anhieb ist das sicherste Mittel, um im Bereich des Service das Null-Fehler-Ziel zu erreichen, da der Fehler nach erbrachter Leistung nicht mehr gutzumachen ist.

Qualität auf Anhieb

Wie läßt sich nun Qualität auf Anhieb gewährleisten? Dies ist vor allem eine Frage der Einstellung. Entscheidend ist erstens, daß der Betreffende das, was er macht, gern tut. Es ist sehr schwierig, wenn nicht gar unmöglich, von jemandem auf Anhieb eine gute Leistung zu verlangen, wenn er sich nicht für seine Arbeit interessiert. Art, Komplexität und die mit der Tätigkeit verbundenen Belohnungen müssen also unbedingt mit den persönlichen Zielsetzungen übereinstimmen. Zweitens muß der Betreffende stolz auf seine Arbeit sein. Dieser Stolz ist für jeden Mitarbeiter, der direkten Kontakt mit dem Kunden hat, ein entscheidendes Erfolgsmerkmal.

Die englische Tankstellenkette Granada Motorways Services hat ihre Umsätze mit Hilfe verbesserter Toiletten an den Tankstellen um 25% steigern können! Die Toilettenfrauen wurden neu eingekleidet, erhielten Stühle und Tische, außerdem wurden sie im Empfang und im persönlichen Kontakt geschult. Die Toiletten wurden umgestaltet und bieten jetzt einen geräumigen Vorraum sowie sehr saubere Zellen. Das Ergebnis? Der Aufenthalt an der Tankstelle ist angenehmer für die Kunden, und sie kaufen mehr Artikel dort. Und in dem Moderestaurant Bermuda Onion, das wir bereits erwähnt haben, wurden die Ankleideräume des Personals gar wie die für Künstler ausgestattet: mit Garderoben, individuellen Schminkkommoden mit allen Accessoires, Spiegeln, Neonlicht und Szenendekors. Die Bedienung des Bermuda Onion fühlt sich wie ein Star, empfängt wie ein Star und bedient wie ein Star. Dabei ist der Stolz nicht nur eine Frage der persönlichen Ethik, sondern er hängt zugleich mit der Anerkennung zusammen, die man von den anderen Beschäftigten und von der Gesellschaft erfährt. Im Grunde kann vieles dazu beitragen, bei den Mitarbeitern einen gewissen Stolz und dementsprechend die Bereitschaft zu wecken, von Anfang an gut zu sein: Die Bekleidung, die Stellung, die sie gegenüber dem Kunden einnehmen, die Bedeutung, die man ihnen bei der internen Kommunikation beimißt, sowie die Art und Weise, mit der man sie anspricht und befragt.

Engagement bei der Arbeit

Das Null-Fehler-Ziel fordert zugleich Disziplin von allen Beteiligten und Engagement bei der Arbeit. Während in Japan nur 3% der Arbeiter häufiger fehlen, sind es in Großbritannien immerhin 15%.

Singapore Airlines stellt jedes Jahr 300 Stewardessen und Stewards ein, die 12 Wochen lang an einem Ausbildungsprogramm teilnehmen. Der- oder diejenige, der im Laufe der 12 Wochen mehr als dreimal zu spät kommt, wird aus der Ausbildung entlassen. Da ihnen die Bedingungen bekannt sind, wissen sie schließlich, was sie tun.

Begeisterung ist alles

Das Null-Fehler-Ziel ist auch eine Frage der Begeisterung. Aus einer kürzlich durchgeführten Untersuchung geht hervor, daß ein begeisterter Mensch folgende Merkmale hat:

- Er reagiert sensibel auf die Komplimente des Kunden und läßt sich dadurch motivieren.
- Er identifiziert sich mit seinem Unternehmen und nimmt sich die Freiheit, gegebenenfalls auch selbst die Initiative zu ergreifen.

Aus diesen beiden Attributen kann das Unternehmen mehrere Schlüsse ziehen. Das Bedürfnis nach Komplimenten kann bei der Einstellung festgestellt und ganz bewußt vom Unternehmen gefördert werden. Man braucht den Kunden nur zum Schreiben von Dankesbriefen anzuregen und diese dem Betreffenden zuzuleiten. Man kann außerdem die Kontaktzeit zwischen Personal und Kunden verlängern und damit den letzteren mehr Zeit geben, um ihre Zufriedenheit auszudrücken.

Auf Kurzstreckenflügen kann man beispielsweise ganz bewußt die Serviceleistungen begrenzen, um dem Team Zeit zu Gesprächen mit Kunden zu lassen und diesen wiederum die Möglichkeit zu Komplimenten zu geben.

Um tatsächlich begeistertes Kontaktpersonal zu finden, haben viele Unternehmen Testserien entwickelt, in deren Verlauf die Kandidaten sich in konkrete Arbeitssituationen hineinversetzen müssen. So zeigt beispielsweise ein Videofilm einen eiligen Kunden, der vor den anderen bedient werden möchte. Wie reagiert der Kandidat darauf?

Die in den Tests dargestellten Situationen treten entweder häufig in der Realität auf oder zeigen deutlich enthusiastische Verhaltensweisen. Denn man muß schließlich auch die effiziente Arbeitsweise der langjährigen und bewährten Mitarbeiter kennen.

Die Swissair gibt ihren künftigen Stewardessen und Stewards eine 30seitige Broschüre, in der Art der Arbeit, Qualitätsanforderungen und alle Servicemodalitäten aufgeführt sind. Die Tatsache, daß angesichts dieses anspruchsvollen Handbuchs etliche Kandidaten abspringen, wird durch die Qualitätsgarantie der Kandidaten, die diesen ersten Test bestehen, mehr als kompensiert.

Außerdem kann man dem Personal, das sich in direktem Kontakt mit dem Kunden befindet, die volle Unterstützung des Unternehmens demonstrieren. Sobald der Betreffende sich als vertrauenswürdig empfindet, wird er erstaunliche Resultate erzielen. Hier ein Beispiel:

Ein *chef de village* des Club Méditerranée hatte nach althergebrachter Weise in dem von ihm geleiteten Dorf ein Weihnachtsessen vorbereitet. Dabei hatte er nach altem Brauch auch die Honoratioren des Ortes eingeladen. Diese kamen in sehr viel größerer Zahl als vorgesehen mit Freunden und Familie. Es sah so aus, als ob das Essen nicht reichen würde. Daraufhin ergriff der *chef de village* das Wort, um die Reisegruppe zu bitten, mit ihm die Gäste zu empfangen. Um sie für die Mühe und die unerwarteten Probleme zu entschädigen, wurde am nächsten Tag ein zweites Weihnachtsessen geboten. Durch diese spontane Aktion waren etliche Mitglieder der Reisegruppe so beeindruckt, daß sie mehrfach in das Dorf zurückkamen. Diese Initiative des *chef de village* war nur deshalb möglich, weil er sich der Unterstützung des Clubs sicher war.

Nach einer Umfrage der British Airways sind in den Augen der Passagiere zwei Leistungen ganz besonders wichtig: Einerseits Flexibilität, d.h. die Möglichkeit, dem Kunden im Falle eines Problems eine alternative Lösung anzubieten. Und andererseits Kompensation, d.h. die Möglichkeit, den Passagier zu entschädigen, wenn feststeht, daß der Fehler bei der Gesellschaft lag. Hierbei ist wichtig, daß das Unternehmen dem Kontaktpersonal genügend Autonomie verleiht, um selbst die Initiative zu ergreifen und jede Situation zu korrigieren, die von den Qualitätsnormen abweicht.

Befragen Sie Ihren Prokuristen, Ihr Empfangspersonal, Ihre Lieferanten, Ihre Techniker, Ihre Hoteldirektoren und Ihre Kundenberater. Bitten Sie sie, in einer Spalte die Möglichkeiten der Eigeninitiative aufzuschreiben, die sie ohne Ihre Autorisation ergreifen können, und in einer zweiten Spalte diejenigen Fälle, bei denen es Ihrer Zustimmung bedarf. Wenn die zweite Spalte sehr voll ist, müssen Sie aufpassen bzw. Ihr Entscheidungssystem verändern. Ohne Flexibilität kann das Kontaktpersonal nur ausweichend und manchmal in brutaler Weise auf die Probleme reagieren, die bei einer Leistung immer mal auftreten. Außerdem werden Sie Schwierigkeiten haben, Begeisterung zu wecken.

Qualität auf Anhieb ist demnach ohne sehr hohe Investitionen in Einstellung, Auswahl, Ausbildung und Begeisterung des Personals nicht machbar. Dennoch wäre es falsch, darin ein Hindernis zu sehen. Häufig genug haben sich die Kosten schlechter Qualität als sehr viel höher erwiesen. Hier ein Beispiel: Ein Unternehmen wollte Empfangspersonal auswählen und einstellen, das an verschiedenen Standorten in Europa eingesetzt werden sollte. Sein Service umfaßte vier Phasen: Einstellung der Kandidaten, Analyse der Unterlagen, Vorauswahl, Interviews, Auswahl, Einweisung des Kandidaten und Anerkennung durch den Verantwortlichen der betreffenden Filiale.

Nach Erscheinen der Annonce schickten zahlreiche Kandidaten ihre Lebensläufe oder einen einfachen Brief. Auf dieser Basis wählte das Unternehmen eine bestimmte Anzahl von Bewerbern aus, die anschließend interviewt wurden. Diese wurden dann sofort an den betreffenden Ort geschickt und begannen ohne weitere Einweisung ihre Arbeit. Ergebnis? 20% der Neuankömmlinge verließen den Arbeitsplatz innerhalb eines Monats. Kosten dieses Desasters: 4 Mio Franc. Drei Abteilungen waren für diesen Verlust verantwortlich: Die Personalabteilung, die für den Einsatz der Kräfte verantwortliche Abteilung und schließlich der Betrieb, der den Kandidaten empfing.

Zu diesen 4 Mio Franc muß man noch die Einnahmeausfälle hinzuziehen, die durch den schlechten Service entstanden sind. Die Neuankömmlinge waren nicht auf den Empfang vorbereitet, warfen dies dem Unternehmen vor und ließen ihre Schwierigkeiten an den Kunden aus. Selbst wenn man nur die 4 Mio Franc berücksichtigt, ist dies immerhin eine hohe Summe. Was hätte man statt dessen tun können? Zuerst die Einstellungskriterien definieren. Auf diese Weise hätte eine gewisse Selbstselektion der Kandidaten stattgefunden, so daß die Aufgabe der Einstellung effizienter und erfolgreicher durchgeführt worden wäre.

Anschließend wäre ein obligatorischer Basistest für alle Kandidaten erforderlich gewesen, der eine noch strengere Selektion ermöglicht hätte. Ferner wäre es richtig gewesen, einen Teil der Mittel in die Ausbildung und Information der Interviewer über die Art der Tätigkeit und die dazu erforderlichen Fähigkeiten zu investieren. Auf diese Weise hätte der für den Einsatz in den verschiedenen europäischen Standorten Verantwortliche besser die erforderlichen Merkmale kennen und so die Ausfallrate senken können. Zu guter Letzt wäre für die Neuankömmlinge eine Empfangsbroschüre erforderlich gewesen, die alle erwarteten Verhaltensnormen im Detail enthalten hätte. Und die neuen Kräfte hätten während der ersten Wochen ihrer Beschäftigung persönlich betreut werden müssen.

Auf jeden Fall wäre der Verlust für das Unternehmen so sehr viel niedriger gewesen als 4 Mio Franc. Qualität auf Anhieb ist zwar teuer, aber häufig billiger als die Kosten der nachträglichen Ausbesserung.

Das Null-Fehler-Ziel muß mit einer rigorosen Jagd nach Fehlern einhergehen

Fehler aufspüren und beseitigen

Die Jagd nach Fehlern besteht darin, alle Abweichungen von den Qualitätsnormen aufzuspüren, zu klassifizieren, zu analysieren und zu korrigieren. Sie ist nur möglich, wenn zwei Voraussetzungen erfüllt sind.

Zuerst muß gewährleistet sein, daß die Fehlerjagd nicht in eine »Menschenjagd« ausartet. Bei Abweichungen von der Norm sind Korrekturmaßnahmen angesagt – nicht Vorwürfe. Das Personal wird sich nur dann an der Jagd nach Fehlern beteiligen, wenn es das Gefühl hat, daß es für die entdeckten Probleme nicht bestraft wird. Außerdem muß die Fehlerjagd alle Mitarbeiter einbeziehen, die mit dem Kunden in Kontakt sind. Es geht also nicht um die Bestimmung einer Aufsichtsperson, sondern um eine Methode des konstruktiven Managements – die als solche auch wahrgenommen werden muß.

Die Fehlerjagd muß sich auf alle Serviceelemente – Methoden, Verfahren, Material und Aufgaben – erstrecken, die nicht das Qualitätsversprechen erfüllen.

Sie kann überdies sehr wohl spontan und informell geschehen. Es ist keineswegs notwendig, einen Qualitätszirkel zu gründen, um ein Papier aufzuheben, das in der Empfangshalle eines Hotels auf dem Boden liegt. Man darf andererseits das Aufheben des Papiers nicht bloß als Aufgabe des Reinigungspersonals betrachten. Wenn das Telefon klingelt, muß sich jeder angesprochen fühlen, d.h. der- oder diejenige, die sich in der Nähe befinden, nimmt den Anruf an – statt zu warten, bis die Telefonistin aus der Mittagspause zurück ist.

In bestimmten Fällen konzentriert sich die Fehlerjagd auf größere und komplexere Probleme, die wichtige Veränderungen und Investitionen nach sich ziehen. Von der Veränderung können mehrere Unternehmensabteilungen betroffen sein, so daß in diesem Falle eine formalere Methode der Fehlerjagd verwendet werden muß.

Die Organisation der Fehlerjagd

Im allgemeinen sind es Arbeitsgruppen, die Fehler aufspüren, auflisten, sie klassifizieren und Lösungen in bezug auf die verfügbaren Mittel und die verfügbare Zeit vorschlagen. Diese Gruppen organisieren einen vertikalen Informationsstrom von unten nach oben, um Lösungen vorzuschlagen, und von oben nach unten, um die erzielten Fortschritte zu beurteilen.

Die Arbeitsgruppen können als Qualitätsprojektgruppen, Qualitätsaktionsgruppen oder Qualitätszirkel organisiert sein. Diese drei Gruppentypen haben unterschiedliche Aufgaben. Je mehr die Fehlerquelle in der effektiven Leistung liegt und je mehr sie sofortige und einfache Lösungen erfordert, um so stärker ist das Personal betroffen, das direkten Kontakt mit dem Kunden hat.

Qualitätszirkel sind nur dann sinnvoll, wenn das Management ihre Initiativen deutlich unterstützt. D.h., im Unternehmen muß Mitbestimmung gewährleistet sein, da diese für den Qualitätszirkel notwendig ist. Wenn sie nur für die spezifische Aufgabe des Zirkels zugelassen wird und die anderen Entscheidungen in autoritärer Weise getroffen werden, kann der Zirkel nicht effizient arbeiten.

Wichtig ist auch, daß der Leiter des Zirkels sowohl einen guten Draht zu der Geschäftsleitung, die ihn beauftragt hat, als auch zu den Gruppenmitgliedern besitzt. Dies erfordert häufig, daß er im aktiven Zuhören und in der Gruppendynamik ausgebildet ist.

Ein wesentlicher Faktor für den Erfolg der Qualitätszirkel ist eine schnelle Anerkennung der Arbeit ihrer Mitglieder, indem man ihnen die konkreten Ergebnisse ihrer Arbeit möglichst schnell mitteilt. Der Diskussionsleiter muß beispielsweise darauf achten, daß er die Gruppe zunächst mit relativ einfachen Problemen konfrontiert, deren Lösungen mit dem gesunden Menschenverstand zu erarbeiten sind. Er darf auch nicht vergessen, die Ergebnisse so schnell wie möglich in der Unternehmenszeitung zu veröffentlichen.

Welcher Gruppentyp auch immer gewählt werden mag, wichtig ist, daß die jeweilige Gruppe *echte* Unterstützung von der Geschäftsführung erhält. Je schwerwiegender die Konsequenzen sind, die anstehende Probleme für das Unternehmen und seine Finanzlage nach sich ziehen, um so stärker ist das Spitzenmanagement direkt betroffen. Die Geschäftsführung trägt sowohl die Verantwortung für die *Definition* der Qualitätsnormen in den betroffenen Service-Elementen als auch für die Jagd nach Fehlern.

Im Club Méditerranée ist die Jagd nach Fehlern durchgeführt worden, nachdem die Direktion die in einem 1.200seitigen Buch zusammengefaßten Qualitätsnormen abgesegnet hatte. Ausgehend von diesem Bericht haben die *chefs de village* anschließend die Fehlerjagd nach eigenem Ermessen durchgeführt.

Alle Menschen auf allen Ebenen für die Fehlerjagd begeistern

Der Geschäftsführer von Mövenpick sagte im *International Management*, daß erstklassiger Service und die Zufriedenheit des Kunden nie etwas Endgültiges seien, sondern daß man ohne Unterlaß tagaus tagein und zu jedem Zeitpunkt darauf hinarbeiten müsse. Während der häufigen zweitägigen Treffen, die er mit seinen Mitarbeitern organisiert, werden so detaillierte Fragen wie Klarheit der Instruktionen im Falle von Diebstahl oder Feuer, neue Mantelhaken und Karten für die Joggingrouten der Kunden diskutiert. Er schickt fiktive Bewerbungsbriefe an die Personalabteilung, um Dauer und Qualität ihrer Reaktion überprüfen zu können. Mehrmals im Jahr trifft er sich mit Kunden, um von ihnen Rückmeldungen über den Service zu erhalten.

Mehr Vorschläge und weniger Antworten: Die Rolle des Qualitätsdirektors

Neben den Arbeitsgruppen sind ein reger Austausch von Verbesserungsvorschlägen und Informationen über die von der Geschäftsführung getroffenen Entscheidungen wichtig. Daher haben zahlreiche Unternehmen inzwischen einen Qualitätsdirektor ernannt, der für diesen Austausch verantwortlich ist. Außerdem haben sie mehrere Vorstandstreffen dem Qualitätsproblem gewidmet und einen Qualitätsausschuß gebildet. Dieser Ausschuß hat die Aufgabe, Verbesserungsvorschläge zu untersuchen und diese dem Qualitätsdirektor zu übermitteln.

Sehen wir uns die Rolle des Qualitätsdirektors etwas genauer an. Er steht mit der Geschäftsführung *und* mit den Mitarbeitern der verschiedenen Einheiten, Divisionen, Abteilungen oder Service-Einheiten der Organisation in Verbindung. Seine Kompetenzen erstrecken sich auf die folgenden Bereiche:

Er erleichtert den Prozeß der Qualitätsverbesserung. Er hilft den Mitarbeitern bei der Formulierung besserer Qualitätsnormen und sorgt für die Zustimmung der Geschäftsführung. Um eine vollkommene Verbreitung der Normen zu gewährleisten, wählt er das geeignete Format, ediert die Normen, um sie vergleichbar zu machen, und versucht, die adäquaten Mittel zu ihrer Verbreitung zu finden.

Auf Anweisung der Geschäftsführung hilft er den Arbeitsgruppen bei der Entwicklung der Projekte. Er schlägt eine Arbeitsmethode vor, legt die Termine der Treffen fest und berichtet über die gemachten Fortschritte, er beteiligt sich an der Schätzung der Kosten und Erträge der beschlossenen Lösungen.

Er repräsentiert und verteidigt den Standpunkt des Kunden. Er entwickelt und führt bei den Kunden Umfragen bezüglich ihrer Zufriedenheit durch und sorgt für die Verbreitung der Ergebnisse innerhalb des Unternehmens. Ausgehend von diesen Umfragen hilft er den Serviceabteilungen bei der Definition der Normen für die Serviceleistung. Bei allen Treffen der Geschäftsführung vertritt er den Standpunkt des Kunden. Und er führt Umfragen über spezifische Service-Elemente durch.

Er führt Qualitätskontrollen durch. In dieser Funktion sollte der Qualitätsdirektor jedoch weder die Rolle des Inspektors noch die des Polizisten spielen. Er führt diese Kontrollen in enger Zusammenarbeit mit den Verantwortlichen der betroffenen Abteilungen durch und erarbeitet in Zusammenarbeit mit ihnen die Synthese der Ergebnisse, die er anschließend an die Geschäftsführung weiterleitet.

Er entwickelt Instrumente zur Qualitätsschulung und ist verantwortlich für die Ausbildung. Er macht sich zum Qualitätsspezialisten. Er weckt immer und überall das Bewußtsein für Qualität und ermutigt zur Innovation. Er läßt Artikel, Meinungsäußerungen und Ergebnisse im Unternehmen zirkulieren. Er testet die Dienstleistungen von Konkurrenten und teilt die Ergebnisse mit, er beurteilt die internen Neuerungen, organisiert Wettbewerbe und wählt die Preisträger aus. Er leitet innovative Projekte in ihrer Anfangsphase und schlägt der Geschäftsführung erfolgversprechende Projekte vor.

Er vertritt das Unternehmen nach außen in allen Fragen der Qualität. Er gehört Verbänden an, nimmt an deren Treffen teil, hält Konferenzen und gibt Interviews über die Erfahrungen des Unternehmens im Bereich des Service.

Der Qualitätsdirektor verfügt nicht in erster Linie über formale Autorität. Seine Macht besteht ausschließlich in seinem Einfluß und seiner Überzeugungskraft. Um glaubwürdig zu sein, muß er als gescheit gelten, Achtung errungen haben und die volle Unterstützung der Direktion besitzen.

Der Qualitätsdirektor sollte im Unternehmen sein eigenes Netz von Mitarbeitern schaffen, die ihm Informationen und Dokumente liefern, welche er dann für die Geschäftsführung aufbereitet. Seine Mitarbeiter helfen ihm zugleich bei der Entwicklung von Ausbildungsmethoden zur Organisation der Fehlerjagd.

Es geht also nicht darum, eine Bürokratie der Qualitätssicherung zu etablieren, wie man das in den 60er Jahren für die strategische Planung gemacht hat, sondern es gibt nur einen Mann und viele Verbindungen – das ist alles. Bei IBM Frankreich besteht das für die Qualitätssicherung verantwortliche Team aus einem Direktor und drei Assistenten.

Fehlerjagd und Zeit

Für die Motivation und Begeisterung bei der Fehlerjagd ist es unerläßlich, daß die der Geschäftsführung übermittelten Anschreiben und Dokumente eine sofortige und schnelle Antwort erfahren. Das heißt, der Empfang des Dokuments muß innerhalb von 48 Stunden bestätigt und die Lösung innerhalb von 30 Tagen geliefert werden. In den progressiven Unternehmen werden jedes Jahr 300 bis 1000 derartige Unterlagen bearbeitet.

Ein Instrument für schnelles Handeln ist das Jahresbudget, das die Abteilungsleiter nach eigenem Ermessen zur Finanzierung von Qualitätsprojekten verwenden können, ohne die Zustimmung der Geschäftsführung einholen zu müssen. Das hat auch den Vorteil, daß es nicht mehr die Ausrede gibt: »Für diese Initiative müssen wir das nächste Jahr abwarten«.

Das Qualitätsprojekt

Ein Qualitätsprojekt erstreckt sich auf die folgenden Punkte:

- den anvisierten Fehler,
- eine Ursachenanalyse,
- mögliche Lösungen,
- die gewählte Lösung,
- mögliche Experimente, sofern man erst die Lösung testen möchte,
- die tatsächlichen Gesamtkosten schlechter Qualität,
- die Gesamtkosten des Null-Fehler-Ziels,
- die geplanten Investitionen,
- die Konsequenzen für die anderen Unternehmensteile und
- die Zeitspanne bis zur Amortisation.

Die Jagd nach Fehlern muß vom Kundenservice ausgehen

Um erstklassige Qualität zu bieten, muß man auch die internen Dienstleistungen berücksichtigen, die zwischen den einzelnen Abteilungen erbracht werden und darf sich nicht auf die Dienstleistungen gegenüber dem Kunden beschränken. Allerdings kommt es häufig vor, daß sich die Unternehmen zu sehr auf erstere konzentrieren und letztere vernachlässigen.

Indes sind die internen Dienstleistungen nur sinnvoll, wenn sie dem Service am Kunden dienen – sie haben also keinen Selbstzweck. Der Kunde muß immer der Dreh- und Angelpunkt jeder Fehlerjagd sein. Die Erwartungen des Kunden sind letztlich für die Interaktion zwischen den einzelnen Abteilungen eines Unternehmens ausschlaggebend. Sobald diese Zusammenarbeit ausschließlich durch den Kunden als neutralen Schiedsrichter motiviert ist, braucht man im Falle eines Problems weder einen Schuldigen zu suchen noch sich über eine interne Anforderung aufzuregen. Die Bedürfnisse des Kunden sind die einzig relevante Größe.

In den 70er Jahren konnte man mit der EDV-Abteilung, die damals noch zentralisiert war und eher eine Buchhaltungs- als Managementfunktion hatte, häufig nur eine Art Taubstummendialog führen. Wenn man als »Beweis« hätte zeigen können, daß der jeweilige Wunsch auf den Bedürfnissen des Kunden basierte, hätten sich die Verantwortlichen der EDV vielleicht etwas sensibler gezeigt, und alles wäre auf geheimnisvolle Weise möglich geworden.

Die Orientierung an den Erwartungen des Kunden bewirkt, daß sowohl die Verantwortlichen des kommerziellen und des Produktionsbereichs als auch die Forscher, die Finanzspezialisten, der Controller und die Abteilungsleiter an einem Strang ziehen.

Wenn man die Zufriedenheit des Kunden als Ausgangspunkt wählt, kann dies einen Motivationsschub bei den Mitarbeitern verursachen. Sie würden sich sehr viel stärker engagieren, wenn sich ihre Bemühungen direkt in einer Erhöhung der Umsätze oder der Loyalität der Kunden niederschlügen – anstatt in einem einfachen Dankeschön für die an den Tag gelegte Freundlichkeit im Umgang mit den anderen Abteilungen.

Die internen Dienstleistungen müssen also von außen betrachtet werden. Wenn Sie jetzt Ihr Handbuch und Ihre Dokumente für die internen Dienstleistungen erneut lesen, sollten Sie sich fragen: Inwieweit tragen sie zu einem besseren Service für den Kunden bei? Und Sie werden erstaunt sein über die hohe Anzahl von Verfahren, Dokumenten und Regeln, die plötzlich nutzlos erscheinen.

Die Instrumente der Fehlerjagd

Die meisten Instrumente der Fehlerjagd sind in der Industrie entwickelt worden. In modifizierter Form sind sie auch für den Service gültig. Wir werden im folgenden einige von ihnen untersuchen und dabei zwei Phasen unterscheiden: Die Erfassung der Fehler und die Erforschung der Ursachen.

Erfassung der Fehler

Um alle Fehler im Service zu entdecken und zu klassifizieren, kann man genau dieselben Instrumente verwenden wie für die Produktqualität. Diese reichen von *brainstorming*-Sitzungen bis zu Vorschlagskästen, von der Analyse der Reklamationsbriefe über die Klassifizierung der Rückerstattungen nach Ursachen bis zu Umfragen bei den Empfängern der Leistung. Im allgemeinen kann man dadurch eine sehr lange Fehlerliste aufstellen und anschließend nach Prioritäten ordnen.

Die bekannteste Methode, um die Fehler in eine Hierarchie zu bringen, ist die Pareto-Methode. Hier wird jeder Fehler mit einem Koeffizienten versehen, der seine Bedeutung reflektiert, und die für die Qualität zuständige Gruppe wird diese dann entsprechend ihrer Gewichtung behandeln.

Das relative Gewicht der Fehler wird nach denselben Kriterien bestimmt wie in der Industrie. Während man hier die Ausschußrate bei der Produktion ermittelt oder die Anzahl der Stücke zählt, die nicht den Kontrollanforderungen genügen, wird man im Bereich der Dienstleistungen beispielsweise die Häufigkeit der verzögerten Lieferungen, der Reparaturen, der Rückerstattungen, der Läutsignale pro Anruf oder der verloren gegangenen Unterlagen zählen.

Viele Dienstleistungen lassen sich allerdings so nicht erfassen. Wie soll man beispielsweise die Häufigkeit eines Lächelns messen? Man könnte vielleicht jedem Mitglied der Arbeitsgruppe eine bestimmte Punktzahl – beispielsweise 100 – zuteilen und den Betreffenden auffordern, diese Punkte auf verschiedene zu klassifizierende Fehler aufzuteilen. Die Erfahrung zeigt hier, daß die individuellen Aussagen häufig übereinstimmen und daß sich auf diese Weise die Servicefehler sehr wohl klassifizieren lassen.

Allerdings müssen sich die Mitglieder der Gruppe zunächst auf ein Kriterium einigen, nach dem die Fehler klassifiziert werden sollen. Dabei ist die Häufigkeit kein besonders guter Indikator, außerdem sollte man Durchschnittsangaben vermeiden. Es ist ratsam, nach den verschiedenen Marktgruppen der Kundschaft zu unterscheiden, da deren Erwartungen häufig nicht übereinstimmen. Der Inserent, der 10 Mio Franc für seine Werbekampagne aufwendet, hat sicherlich andere Vorstellungen als derjenige, der nur 1 Mio Franc ausgibt. Der Kunde, der 30 Computer kauft, hat andere Bedürfnisse als der Käufer eines einzigen Geräts. Entsprechend muß man bei der Fehlerliste die Gewichte verteilen.

Erforschung der Ursachen

Vor den Lösungen müssen zunächst die Ursachen bekannt sein. Diese kann man beispielsweise mit dem Instrument des Fischgrätendiagramms von Ishikawa erforschen. Dabei ermittelt man die Ursachen durch Experimente mit dem Service. Dies ist dann eine besonders effiziente Methode, wenn man eine Vermutung hat über die möglichen Ursachen, oder wenn der Service gleichzeitig an mehreren Orten geleistet wird. Das Experiment besteht darin, daß jeweils eine Variable verändert wird, um deren Bedeutung zu messen. Diese Experimentiermethode erlaubt – sofern sie möglich ist – das vorläufige Testen einer Situation, bevor man eine endgültige Lösung wählt.

Die Literatur nennt eine Reihe anderer Instrumente. Alle haben Vor- und Nachteile – für welche Sie sich auch immer entscheiden mögen, entscheidend ist, überhaupt eine Methode zu verwenden. Dies hat den Vorteil, daß überflüssige Diskussionen, unbegründete Mißstimmigkeiten und entsprechende Zeitverluste vermieden werden.

Wir sollten uns aber darüber im klaren sein, daß es nicht um ein akademisches Experiment geht. Das Ziel ist vielmehr, den Kunden besser und umfassender zufriedenzustellen.

Selbstdiagnose

- Verrichtet Ihr Servicepersonal seine Arbeit gern? Ist es stolz darauf? Ist es enthusiastisch?
- Was haben Sie hinsichtlich Auswahl, Ausbildung und Motivation getan, um es stolz auf seine Arbeit zu machen?
- Welche Autonomie gewähren Sie den Mitarbeitern, die in direktem Kundenkontakt stehen? Was dürfen sie nicht tun? Welche dieser beiden Fragen führt zu einer längeren Liste von Punkten?
- Besitzen Sie Tests, mit denen Sie die Begeisterung Ihres Servicepersonals feststellen können?
- Erhalten Ihre Mitarbeiter Kopien von den Danksagungsschreiben?
- Haben Sie die Jagd nach Fehlern organisiert?
- Ist Ihr Qualitätsprogramm – sofern ein solches bereits existiert – eher nach außen oder nach innen ausgerichtet?

Kapitel 8
Die Zufriedenheit des Kunden

Die Qualität des gebotenen Service stimmt nicht zwangsläufig mit dem überein, was der Kunde wahrnimmt. Dieser Unterschied kann von mehreren Faktoren herrühren.

Erstens können Mißverständnisse bezüglich des verwendeten Kriteriums vorliegen. Vor kurzem hat eine Beratungsfirma ein Seminar in einem dieser wunderschönen Schlösser organisiert. Der Organisator hatte dafür gesorgt, daß die Teilnehmer während der Kaffeepause den besten Service erhielten: Porzellangeschirr und Silber, weiße Tischtücher, feinstes Gebäck, verschiedene Kaffee- und Teesorten und gut gekleidetes Dienstpersonal, das nicht mit Tellern und Lächeln geizte. Der Organisator, der sich seines Erfolges sehr sicher war, fragte später die Teilnehmer nach der Qualität des Pausen-Service. Zu seiner großen Überraschung waren 80% von ihnen unzufrieden. Offenbar wußte er nicht, daß ein Manager in einem Seminar während der Pause das Telefon und die nächste Toilette sucht.

Das Unternehmen ist außerdem häufig das Opfer seiner eigenen Sprache. Wenn man zur Messung der Qualität des gebotenen Service den Haus-Jargon verwendet, heißt dies nicht, daß dieser auch zur Messung des gekauften Service geeignet ist. Beispielsweise:

Übersicht 7

Das Unternehmen entwickelt und mißt:	Der Kunde nimmt wahr und mißt:
Die Größe des Sortiments	Auswahl und Beratung
Die Gestaltung der Wandgestelle und der Verkaufsfläche	Verfügbarkeit der Artikel
Eine von den Händlern akzeptierte Kreditkarte	Spontane Geschenke
Die Architektur	Bequemlichkeit und Komfort
Die Modalitäten der Prämien	Die Vorteile des Versicherungsvertrages

Die Fixierung des Unternehmens auf seine interne Organisation ist häufig ein weiterer nachteiliger Faktor. Es gibt nur wenig Firmen, die sich systematisch in die Lage des Kunden versetzen, um auf diese Weise eine genaue Vorstellung von seiner Zufriedenheit zu erhalten. Im Grunde ist der Kunde für das Unternehmen eher ein Störfaktor. Was könnte es sich nicht alles sparen, wenn der Kunde nicht da wäre! Unglücklicherweise gäbe es ohne ihn aber auch kein Unternehmen.

Schließlich glaubt das Unternehmen häufig zu Unrecht, sein Service sei so einzigartig, da es keinen Vergleich zu fürchten braucht und der Kunde deshalb zufrieden sein *muß.* Wenn man meint, der einzige Hersteller von Computern zu sein, die sich wirklich verkaufen lassen, warum sollte man dann an der Zufriedenheit des Kunden zweifeln? Das einzige Problem bei dieser Haltung ist, daß sie falsch ist; denn der Kunde kann einem einzigartigen, aber erbärmlichen Service immer noch den Verzicht darauf vorziehen.

Meinungsumfragen sind in dieser Hinsicht sehr aufschlußreich. So ergab die IPSOS-Umfrage von 1986, die im Auftrag der Verbraucherzeitschrift *50 millons de consommateurs* über die Zufriedenheit der Franzosen mit ihren öffentlichen Dienstleistungen durchgeführt wurde, daß die EDF (staatliche Energieversorgung) mit 82% an erster Stelle lag, gefolgt vom Telefon mit 80%, von der SNCF (Bahn) und der Post mit 75%. Demgegenüber lag die Zufriedenheitsrate bei den Krankenhäusern, die sehr viel längeren und intensiveren Kontakt mit der Öffentlichkeit haben, bei nur 53%. Gleichzeitig erreichte jedoch McDonalds im Schnitt Raten von 95%.

Die Erfahrung zeigt, daß beim Service dann Alarm geschlagen werden muß, sobald die Rate der Unzufriedenheit über 20% liegt. Ein dauerhafter Wettbewerbsvorteil erfordert eine Durchschnittsrate unter 6%.

Umfragen

Wenn die Zufriedenheit des Kunden nicht im voraus ermittelt werden kann, wie kann man sie dann erfahren? Die Antwort lautet: Man braucht nur den Kunden nach seinem Empfinden zu befragen, und zwar regelmäßig, um die Entwicklung und die erzielten Fortschritte verfolgen zu können.

Eine erfolgreiche Befragung basiert auf einem guten Fragebogen, der sich allerdings nicht ausschließlich intern erstellen läßt. Das Ziel ist ja, das Gefühl des Kunden möglichst gut zu erfassen und ihn nicht etwa mit Fragen zu bombardieren, bei denen es um Aspekte geht, an die er nicht gedacht hat oder die ihn nicht betreffen.

Um einen aussagefähigen Fragebogen zu erarbeiten, muß man zunächst eine qualitative Phase durchlaufen. Individuelle oder Gruppengespräche können die Hauptsorgen des Kunden, seine Erwartungen und seine Sprache zutage fördern, wobei sowohl die Meinung der gegenwärtigen als auch der potentiellen und ehemaligen Kunden erfaßt werden sollte. Dann werden sich die auf diesen Gesprächen basierenden Fragen tatsächlich auf die verschiedenen Aspekte der Qualität beziehen, die *ihnen* wichtig sind.

Die Ergebnisse der Umfrage sind für sich genommen noch nicht sehr aussagekräftig. Nach ihrer Fertigstellung müssen sie mit den Ergebnissen der Konkurrenz oder mit der wahrgenommenen Qualität eines analogen Service verglichen werden. Sie werden sicherlich über Ihre Zufriedenheitsrate von 80% sehr viel weniger glücklich sein, wenn Sie feststellen, daß Ihr Hauptkonkurrent eine Rate von 90% erzielt. Es versteht sich von selbst, daß eine derartige Diskrepanz zu Ihren Ungunsten sehr viel eindeutigere Maßnahmen erfordert als eine absolute Abnahme der Zufriedenheitsrate.

Die hierfür relevanten Maßnahmen können entweder täglich, wöchentlich, monatlich oder jährlich erfolgen. Das hängt von der Häufigkeit der Käufe und der Geschwindigkeit ab, mit der das Unternehmen sein Qualitätsprogramm umstellen kann.

Der Club Méditerranée kontrolliert die Zufriedenheit seiner *Gentils Membres* jede Woche und kann somit sein Ziel sofort korrigieren. Die Swissair führt monatliche Stichproben durch, indem sie bei jedem ihrer 300 jährlichen Flüge 22 Passagiere befragt. Die überaus detaillierte Umfrage wird dann dem Präsidenten der Gesellschaft vorgelegt. Hier gibt es Fragen wie: »Haben Sie bei der Gepäckabfertigung länger oder weniger als 3 Minuten warten müssen?« Der Fragebogen wird den ausgewählten Passagieren in einem Umschlag übergeben, auf dem man lesen kann: »Je besser wir Ihre Meinung kennen, um so besser können wir für Sie sorgen!« Dieser Fragebogen, der mit etwa 5000 qualitativen Bemerkungen versehen ist, wird alle 3 Monate analysiert und diskutiert, um dann an der vor Ort gemessenen Qualität mit dem Flughafenmanager erörtert zu werden. Rank Xerox führt jedes Jahr eine vergleichende Umfrage durch, die sich unter anderem auf den Kundendienst bezieht und die Umfrage ergänzt, die automatisch 3 Monate nach der Installation eines Geräts durchgeführt wird.

Die Erneuerung eines Wartungs- oder Versicherungsvertrages, der Kontoauszug eines Hausverwalters, einer Bank oder einer Kreditkarte sowie ein Bestätigungsbrief sind ebenfalls Gelegenheiten, die Umfrage über die Zufriedenheit der Kunden fortzusetzen.

Das Preisargument zieht hier also nicht. Genausowenig wie Ausreden: »nur die unzufriedenen Kunden antworten« oder »man belästigt den Kunden« oder »der Fragebogen setzt dem Kunden nur Flausen in den Kopf«.

Es konnte bisher noch nie nachgewiesen werden, daß der Fragebogen den Kunden negativ beeinflußt hat. Sehr viel wahrscheinlicher ist, daß seine mögliche Unzufriedenheit bereits vor dem Fragebogen vorhanden war. Im übrigen wird sich kaum jemand gestört fühlen, wenn man von ihm etwas durchaus Nützliches verlangt.

Allerdings muß die Umfrage konkrete Aktionen nach sich ziehen. Die Fragebogen, die nur zum Zählen gesammelt werden, sind natürlich überflüssig. Anstatt Fragebogen zu zählen, sollte man sie besser lesen.

Nach der Auswertung der Umfrageergebnisse ist es nun an der Zeit, daraus Konsequenzen zu ziehen. Hierfür sind die Daten für sich genommen allerdings unzureichend. Wie soll man beispielsweise wissen, ob die 20% der unzufriedenen Kunden zugleich 20% verlorene Kunden sind oder ob nur ein Teil von ihnen dem Unternehmen untreu geworden ist – und wieviele von diesen 20% tatsächlich schlecht über das Unternehmen sprechen werden.

Um diese Fragen beantworten zu können, muß man das Kaufverhalten untersuchen und die Reichweite der Mundpropaganda messen. Erst dann kann man erkennen, wie sich die vom Kunden wahrgenommene Qualität auf die künftigen Umsätze auswirkt.

Eine Reihe von Untersuchungen hat gezeigt, daß sich unter den Unzufriedenen immer ein »harter Kern« von etwa 15% befindet, für den der Service nicht gedacht war und den man auf keinen Fall hätte zufriedenstellen können. Bei einer Unzufriedenheitsrate von 20% heißt dies, daß 3% der Kunden unwiderruflich verloren sind.

Zu guter Letzt kann man mit Hilfe einer Kundenkartei die treuesten Kunden aussuchen und sie gesondert befragen, um auf diese Weise die Abweichungen zwischen zufriedenen und unzufriedenen Kunden zu erfassen.

Reklamationsbriefe als potentielle Gewinnquelle

Die Umfrage ist nicht das einzige Mittel zur Messung der Zufriedenheit des Kunden. Man kann auch Reklamationsbriefe oder Dankschreiben in das Qualitätsmanagement integrieren, sofern man deren begrenzte Aussagefähigkeit kennt. Einerseits können Reklamationen oder Dankschreiben detaillierte Informationen ergeben, die aus keiner Befragung hervorgehen, andererseits lassen sich aus ihnen keine statistisch gültigen Schlußfolgerungen ziehen.

Heutzutage macht sich kaum noch jemand die Mühe, einen Brief zu schreiben, daher gibt es sehr viel mehr unzufriedene Kunden als Briefeschreiber. Andererseits schreiben unzufriedene Menschen eher als zufriedene. Als Erfahrungswert kommt im Schnitt ein Dankschreiben auf 10 Reklamationen.

Untersuchungen haben gezeigt, daß von 100 Kunden in der Regel 4 Unzufriedene einen Reklamationsbrief verfassen – in diesem Wert sind allerdings diejenigen nicht enthalten, die an das Unternehmen schreiben, um in Wirklichkeit mit ihm in Kontakt zu treten, einen Dialog zu entwickeln und eine emotionale Bindung aufzubauen.

Trotz alledem ist der Reklamationsbrief ein sehr wichtiges Instrument. Wir wissen heute, daß 70% der unzufriedenen Kunden wieder zurückkommen, wenn man ihnen schnell antwortet. Diese Rate steigt sogar auf 95%, wenn man schnell und gut antwortet. »Schnelle Antwort« heißt, daß man innerhalb von 14 oder weniger Tagen antwortet und den Empfang des Briefes sogar innerhalb von 48 Stunden bestätigt. Rechnen Sie einmal nach: Wenn Sie pro Jahr 1000 Briefe erhalten und diese schnell und gut beantworten, gewinnen Sie 950 Kunden zurück. Wenn Sie mit jedem einen durchschnittlichen Umsatz von 5000 Franc tätigen, bedeutet das für Sie fast 5 Mio Franc.

Zur Beantwortung von 1000 Briefen benötigt eine Ganztagskraft ein Viertel ihrer Arbeitszeit. Hier läßt sich vermutlich die höchste Produktivität im ganzen Unternehmen erzielen.

Um 95% der unzufriedenen Kunden zurückzugewinnen, dürfen die Briefe auf keinen Fall verloren gehen. Um dies zu gewährleisten, gibt es ein sehr einfaches Mittel: Sagen Sie Ihren Kunden, an wen und wohin sie sich wenden können. Vergessen Sie nicht, diese Informationen auf allen Dokumenten abzudrucken, die das Unternehmen verlassen, d.h. auf die Rechnung, die Verpackung, die Werbemittel etc. Die Zahl der eingehenden Briefe läßt sich dadurch erhöhen, daß man die Kunden bittet, sich direkt an den Unternehmenschef zu wenden. Dies ist für ihn zugleich eine gute Gelegenheit, mit den Kunden in Kontakt zu bleiben.

Wann wird man in unseren Kaufhäusern, Versicherungsgesellschaften, Banken, Tankstellen und Vertragshändlern lesen: »WENN SIE NICHT ZUFRIEDEN SIND, SCHREIBEN SIE MIR, ICH WERDE IHNEN ANTWORTEN Unterschrift des Firmenchefs.«

Ein Kunde der Versicherungsgruppe GAN hat vor kurzem in völlig korrekter Form seinen Vertrag gekündigt, weil er nicht zufrieden war. Trotzdem wurde ihm eine neue Rechnung geschickt. Jetzt versucht er immer noch, die 200 Franc zurückerstattet zu bekommen, die er im vergangenen Jahr zuviel gezahlt hat. Diesen Antrag hätte er natürlich schriftlich stellen müssen, doch war auf keinem der Dokumente der Name des Verantwortlichen angegeben.

Paris, 5. März 1987

AIR FRANCE

Sehr geehrter Herr Horovitz,

Herr Generaldirektor Sauvan hat Ihren Brief vom 13. Februar, Ihre Reise von Tokio nach Paris am 31. Januar mit dem Flug AF 275 betreffend, mit ganz besonderer Aufmerksamkeit gelesen.

Zuallererst ist es mir ein Anliegen, mich für die von Ihnen konstatierten Mängel zu entschuldigen. Sie bestehen zu Recht auf der Bedeutung des Empfangs, der Effizienz und der Aufmerksamkeit des Bordpersonals für den Erfolg einer Reise. Ich schließe mich ganz und gar Ihrer Meinung an und werde Ihre Kritik dem Verantwortlichen der für diesen Flug zuständigen Abteilung weiterleiten. Er wird nicht versäumen, gegenüber der betreffenden Mannschaft die erforderlichen Verbesserungen einzuleiten.

Es wäre überaus bedauerlich, wenn diese Erfahrung bei Ihnen ein negatives Urteil über das gesamte Bordpersonal bewirkte. Unser Personal – das aus 4.500 Stewardessen und Stewards besteht – arbeitet im allgemeinen mit einer Sorgfalt, die uns wesentlich mehr Lob als Kritik einbringt. Im übrigen erscheint es mir angebracht, Ihnen bestimmte Informationen zu übermitteln. Bei ihrer Einstellung nehmen die Stewardessen und Stewards während mehrerer Wochen an einem Fortbildungsseminar teil, in dessen Verlauf sie mit realen Situationen konfrontiert werden. Ihr Service und Verhalten werden analysiert, beurteilt und kritisiert. Nach diesem Seminar werden die Mannschaften regelmäßig beaufsichtigt und ihr Flug endet bei der Ankunft immer mit einem Gespräch mit dem Ausbilder, bei dem Stärken und Schwächen diskutiert werden.

Im übrigen möchte ich darauf hinweisen, daß für 1987 eine Kampagne für einen erstklassigen Empfang des Kunden geplant ist. Trotz dieser Maßnahmen treten gelegentlich Mängel auf, gegen die wir vorgehen, sobald wir davon erfahren.

Die Benachteiligung der Plätze ohne Blick auf die Leinwand wird im Juli 1987 mit der Installation eines neuen, sehr leistungsfähigen audiovisuellen Videogeräts verschwinden: Das damit einhergehende Bild wird klarer und leuchtender und die Synchronisierung von Bild und Ton besser sein.

Obwohl ich die Art und Weise bedaure, mit der man Ihnen diese Tatsache mitgeteilt hat, stimmt es dennoch, daß der Vorratsraum der Serviceküche unzureichend ist, um zwei Mahlzeiten auf einem großen Tablett zu transportieren. Um diese Schwierigkeit zu bewältigen, hat unsere Hotelabteilung zu den servierten beiden Mahlzeiten noch die Verteilung von Sandwiches und Erfrischungen zwischen den beiden Filmen hinzugefügt. Diese Lösung scheint die Mehrheit der Passagiere durchaus zufriedenzustellen.

Ihr Hinflug in der 1. Klasse, mit Zwischenlandung in Moskau, wo die Maschine völlig neu versorgt wird, ist vermutlich mit ein Grund für Ihren negativen Vergleich mit dem Rückflug.

Ich hoffe, die von Ihnen aufgeworfenen Fragen beantwortet zu haben, und danke Ihnen für Ihre klugen Beobachtungen.

Mit freundlichen Grüßen
Leiter der Serviceabteilung

Das Unternehmen brauchte drei Wochen, um meinen Brief zu beantworten, und es unterschrieb nicht Herr Sauvan selbst.

Ein Monat nach Erhalt dieses Briefes bin ich in Rom. Das Flugzeug soll um 19.35 Uhr nach Paris fliegen, um 19.30 informiert man uns, daß wir um 20.30 Uhr neue Informationen erhalten werden. Um 21.00 Uhr sagt man uns, daß wir nicht vor 23.30 Uhr fliegen werden. Man bietet uns ein »gutes« Abendessen an (kein Unterschied zwischen 1. und 2. Klasse natürlich, und am Selfservice werden wir wie Hunde empfangen!) Um 23.30 Uhr fliegt das Flugzeug nicht mehr. Eine Person erscheint, um uns »Gutscheine« für ein Hotel zu geben. Es wurden keine Busse organisiert. Ankunft im Hotel um 2.00 Uhr morgens!

Erst vor kurzem konnte man in der *New York Times* eine Schwarz-Weiß-Werbung der Delta Airlines sehen, die 30 Fotos des Geschäftsführers zeigte, der gerade einen Brief las. Auf den ersten 29 Fotos lächelte er. Auf dem letzten zeigte er ein betrübtes Gesicht. Der Text lautete: »Ich lese sie alle und beantworte sie alle.«

Nach wie vor versuchen zu wenig Unternehmen, mit bestimmten Erleichterungen ihre Kunden systematisch zum Schreiben anzuregen. Laut *Express* vom 24. Mai 1986 besitzen 50 französische Unternehmen einen Verbraucher-Service – im Gegensatz zu 1600 amerikanischen. Und dies, obwohl es zahlreiche Möglichkeiten einer schnellen und persönlichen Antwort gibt. Heutzutage ist die Kundenkommunikation überaus einfach geworden; da Briefe und Antworten mit Hilfe des Bildschirmtextes verfaßt werden, ist eine präzise Antwort keineswegs schwierig. Häufig braucht man nur über die Forderung des Kunden hinauszugehen. So ist es besser, statt der geforderten 100 Franc 150 Franc zu zahlen, als 95% der unzufriedenen Kunden zu verlieren. Da manche Firmen ihre Kunden zu einer regelrechten »Fährtensuche« zwingen, die aus verschiedenen Verfolgungs- und Hindernisrennen, unaufhörlichen Bemühungen und zahlreichen Anrufen besteht, bringen sie ihre an sich kompetenten Serviceabteilungen in Verruf und schwächen ganz beträchtlich ihre gesamte Kommunikation. Jede noch so attraktive Reklame ist sinnlos, wenn der Kaufversuch zu einem Alptraum wird. Wir brauchen dem Kunden nur eine Kontaktstelle zu geben, mehr möchte er gar nicht. Ikea hat dies sehr wohl verstanden, weshalb es neben jede Möbeleinheit zwei kleine mit Bleistift versehene Kisten stellt. In dem einen findet der Käufer seinen Bestellschein, in dem anderen einen Beurteilungsbogen. Der Kunde hat somit das Gefühl, daß seine Meinung erwünscht ist und tatsächlich berücksichtigt wird. Je schwieriger sich die Aufgabe des Kunden gestaltet, um so mehr wird er zu einem schweigenden, unzufriedenen Kunden. Erinnern Sie sich an die 4%-Rate der Antworten: Wenn Sie die Anzahl der Reklamationen mit 100 multiplizieren und durch 4 teilen, erhalten Sie eine gute Vorstellung von der Anzahl der Kunden, die nicht zufrieden sind.

Die Meinung der anderen

Als weitere Indikatoren für Zufriedenheit gibt es beispielsweise die Erfassung der Rücklaufquote eines Produktes oder der Loyalitätsrate, doch sind beide Praktiken in Frankreich kaum verbreitet.

Die Meinung all derjenigen, die in direktem Kontakt zum Kunden stehen, ist ebenfalls eine wertvolle Informationsquelle. Überdies kennen genau dieselben Mitarbeiter häufig den Schlüssel zur Lösung. Ob dies der Lieferant, der Verkäufer, der Techniker, der Schalterangestellte oder das Zimmermädchen ist, alle kennen die glücklichen oder unzufriedenen Kunden, und sie sind häufig die einzigen, die wissen warum.

Image-Analysen messen im allgemeinen den Bekanntheitsgrad des Unternehmens oder die Effizienz einer Werbekampagne. Sie können sich zugleich auf die Zufriedenheit des Kunden beziehen oder erfassen, wie die tatsächlichen und potentiellen Kunden das Versprechen des Unternehmens wahrnehmen. Allerdings vermittelt eine Image-Analyse eher die Erwartungen des Marktes als den Grad der Zufriedenheit.

Zu guter Letzt läßt sich die Zahl der Unzufriedenen auch anhand der Kunden beurteilen, die jährlich Rückerstattungen erhalten. Man darf aber nicht den entschädigten mit dem unzufriedenen Kunden verwechseln. Denn wenn das Unternehmen eine sehr restriktive Schadenersatzpolitik betreibt, wird es zwangsläufig mehr Unzufriedene als Entschädigte geben.

Um sich tatsächlich eine Vorstellung von der Qualität eines Service zu verschaffen, sollte man sich unbedingt in die Rolle des Kunden versetzen. Rufen Sie Ihr Unternehmen an, verlangen Sie eine Information als Kunde, und Sie werden sofort die Qualität Ihres Service kennen. Sie wollen wissen, ob Ihr Liefersystem für diesen Kunden befriedigend ist? Lassen Sie sich selbst etwas liefern. Um die Gefahr der Entdeckung auszuschließen, mobilisieren Sie einfach Ihre Familie und Ihre Freunde. Die Ergebnisse haben natürlich keinerlei statistischen Wert und sind nur dann von Bedeutung, wenn Ihre Rolle nie entdeckt wird.

Sehr viele Generaldirektoren sind zufrieden mit dem von ihrem Unternehmen geleisteten Service. Es scheint sie nicht zu erstaunen, daß sie bei der Ankunft vor einem ihrer Hotels nicht Schlange stehen müssen, daß sie in den Genuß einer sofortigen Reparatur gelangen, wenn sie eine Werkstattkette leiten, oder nur Lächeln in den Geschäften sehen, in denen sie die Verantwortung haben.

Man neigt nur zu leicht dazu, die Probleme in diesem Bereich zu übersehen. Auf einem Versicherungsvertrag steht beispielsweise in ganz kleinen Buchstaben geschrieben, daß man 30 Tage vor Auslaufen des Vertrages per Einschreiben kündigen muß. Falls dies nicht geschieht, wird der Vertrag stillschweigend für 3 Jahre verlängert. Obwohl es zahlreiche Versicherte »gegen ihren Willen« gibt, zieht man häufig die Weiterführung des Vertrages als Indikator für Loyalitätsrate und Zufriedenheit heran. Wenn man, um ein weiteres Beispiel zu nennen, nur auf 10 Reklamationen von 100 eingeht und den Kunden nur 10% ihrer Forderungen erstattet, wird die Summe der Entschädigungen am Ende des Jahres zwangsläufig niedrig sein. Sofern man diesen Wert als Indikator für die Zufriedenheit verwendet, wird man – zu Unrecht – mit sich selbst sehr zufrieden sein.

Zusammenfassend läßt sich sagen, daß das Niveau der erbrachten Leistung nicht zwangsläufig mit dem der empfangenen Leistung übereinstimmt. Um die echte Zufriedenheit des Kunden kennenzulernen, muß man ihn nach seiner Meinung fragen, und zwar in der für ihn angemessenen Form. Man muß Umfragen mit sinnvollen Fragen durchführen, die man mit den Ergebnissen der Konkurrenz vergleichen kann. Dann vergleicht man den Zufriedenheitsgrad mit der Rate der Wiederholungskäufe und der Loyalität. In diesem Bereich sollte man genau wie in vielen anderen Bescheidenheit an den Tag legen. Die Beobachtung eines Problems, selbst wenn es außergewöhnlich zu sein scheint, muß ernst genommen werden und zu einer weitergehenden Untersuchung führen. Auf jeden Fall ist es möglich, die Eindrücke des Kunden zu kennen – sofern man dies möchte.

Selbstdiagnose

- Führen Sie regelmäßige Umfragen durch, um die Zufriedenheit Ihrer Kunden zu messen?

- Wie hoch ist die Rate der Zufriedenheit bei Ihren Kunden?
- Wie hoch war sie im vergangenen Jahr? Vor zwei Jahren?
- Wie schneidet sie im Vergleich zu Ihren Konkurrenten ab?
- Wie hoch ist die Rate der Wiederholungskäufe bei Ihrer Leistung? Bei den zufriedenen bzw. den unzufriedenen Kunden?
- Wieviele Kunden verlieren Sie jedes Jahr?
- Wieviele Reklamationsbriefe erhalten Sie jedes Jahr? Welche Beziehung besteht zwischen der Anzahl der Reklamationsschreiben und der Anzahl der unzufriedenen Kunden?
- Wieviele Dankschreiben erhalten Sie jedes Jahr?
- Wieviel Zeit benötigen Sie, um Reklamationen zu beantworten?
- Hängen Sie Dankschreiben aus?
- Verfügen Sie über ein klares Verfahren, das Meinungsäußerungen des Kunden fördert?

Kapitel 9
Pechsträhnen

Mit diesem Kapitel beabsichtigte ich ursprünglich, dem Leser meine Erfahrungen mit gutem und schlechtem Service zu schildern. Damals war ich überzeugt, daß sich beide in etwa die Waage halten würden.

Beim Durchlesen des Heftes, in dem ich sorgfältig meine ganzen Abenteuer notiert habe, stellte ich zu meiner großen Überraschung fest, daß ich nur Schreckensmeldungen verzeichnet hatte. Vielleicht hatte es das Schicksal einfach schlecht mit mir gemeint, oder ich war eben besonders kritisch. Eines steht fest: Es ist sehr viel leichter, einen Kunden zu verlieren, als ihn zu gewinnen.

Ich muß gestehen, daß es ziemlich schwierig war, unter den etwa 100 Geschichten die richtige Auswahl zu treffen. Ich habe diejenigen ausgewählt, die mir am lehrreichsten erschienen, und bitte hiermit die Unternehmen, die erwähnt werden, hierin keine Boshaftigkeit zu sehen. Ich bin gern bereit, Ihnen alle Mißgeschicke zur Verfügung zu stellen, die mir mit Ihren Konkurrenten passiert sind.

März 1986 – Am Flughafen von Roissy

Die TWA erneuert ihre Abflugschalter, so daß die Hälfte von ihnen geschlossen und das Personal entsprechend reduziert ist. Außerdem fliegen 3 Flüge nach New York zum gleichen Zeitpunkt ab. Ich brauche wohl nicht zu erwähnen, daß sich an den wenigen geöffneten Schaltern Schlangen bilden und daß mein Flug schließlich mit 45 Minuten Verspätung losgeht.

Moral der Geschichte: Der Kunde muß die Renovierung der Schalter zweimal bezahlen: Einmal beim Kaufen des Flugtickets und ein zweites Mal, weil er seinen Geschäftstermin verpaßt.

März 1986 – Am Flughafen von Roissy

Ich gehe zur Filiale der BNP, um Geld zu wechseln. Ein Angestellter, der etwas an der Wand befestigt, sieht mich zwar kommen, aber ignoriert mich. Ein anderer Angestellter bittet mich zu warten. Ich sage ihm: »Ich weiß bereits, daß ich warten werde, sagen Sie mir nur, wann ich bedient werden kann.« Daraufhin antwortet er: »Weil Sie danach fragen, werden Sie noch länger warten.«

Da bin ich natürlich verärgert gegangen.

Moral der Geschichte: Ich frage mich, ob man sich die Mühe gemacht hat, die Mitarbeiter der Bankfiliale im Kundenservice zu unterweisen? Warum hat man sie eingestellt – weil sie gut mit Kunden umgehen oder weil sie gut Geldscheine zählen können?

März 1986 – Am Kennedy-Flughafen

Alle Passagiere befinden sich im Flugzeug der PanAm nach Paris. Das Flugzeug startet nicht. Nach einer halben Stunde Wartezeit verkündet der Pilot: »Wir haben im Gepäckraum einen Hund verloren und werden noch eine Stunde warten müssen.«

Moral der Geschichte: Man muß sich entscheiden, ob man eine Servicestrategie für Touristen oder für Geschäftsleute wählt, und vor allem muß man sich an seine Entscheidung halten.

Meine Scherereien mit der Visa-Karte

Ich hoffe, daß der Leser sich in der Geschichte meiner Probleme mit der Visa-Karte nicht wiederfindet. Ich stecke sie in meine Tasche, und sie entmagnetisiert sich. Ich stecke sie in meine Brieftasche, und sie entmagnetisiert sich. Ich stecke sie in eine Schublade meines Büros, und sie entmagnetisiert sich. Visa hat auf diese Weise bei mir Umsätze zwischen 5 und 10.000 Franc verloren. Visa wird nie wissen, daß es seinem wichtigsten Konkurrenten einen großen Dienst erweist. Ich habe schließlich resigniert und aufgehört, dies den Vertragshändlern und meiner Bank mitzuteilen. Visa selbst gibt in der Korrespondenz nur die Adresse der Zahlungsstelle an. Die hat aber auf meine Reklamationen nicht reagiert – und zwar mit gutem Grund: Sie ist nicht dafür da, Beschwerden entgegenzunehmen.

Moral der Geschichte: Die Vertragshändler sind sehr zufrieden mit der Visa-Karte, da es nun keinerlei Risiko einer gestohlenen Karte mehr gibt. Langfristig gehen sie allerdings auch nicht mehr das Risiko ein, Kunden zu bekommen. Doch wer ist letztlich der Kunde von Visa? Der Vertragshändler oder ich?

Ein Montagabend bei Flo Prestige

Flo Prestige ist einer der Delikatessenhändler, von denen es in Paris sehr viele gibt. Man findet dort Kuchen und Fertiggerichte, deren Preise ihresgleichen suchen. Um mir die lange Warteschlange an der Kasse zu ersparen, nehme ich mein Zwiebackpaket und sage der Kassiererin: »Kann ich Ihnen die 10 Franc für diesen Zwieback bitte geben?« Darauf antwortet sie: »Aber, mein Herr, das geht nicht, Sie brauchen einen Kassenbon.«

In diesem gastronomischen Eden benötigt man unausweichlich einen Kassenbon, um ein Päckchen Zwieback zu kaufen. Die Kassiererin muß die Codenummer für die Lagerverwaltung haben.

Moral der Geschichte: Verkauft man für den Kunden oder für das Lager?

Am selben Abend bei Flo Prestige

Ein Kunde, der die Geduld aufgebracht hat zu warten, bis er an der Reihe war, zeigt der Kassiererin seine Visa-Karte. Pech gehabt! Sie ist – wieder einmal – entmagnetisiert. Die Kassiererin sagt, daß die Karte nicht gültig sei, und zwar in einem Ton, der vermuten läßt, daß die Karte gestohlen ist, und sie sagt es laut genug, damit den anderen Wartenden auch nichts entgeht. Der Kunde kauft immerhin Waren im Werte von 1500 Franc. Die Kassiererin weigert sich auch, die Bank anzurufen, um sich dort eine Kreditermächtigung zu besorgen.

Moral der Geschichte: Das beste Mittel, um Kunden abzuschrecken ist, sie an der Bezahlung der gekauften Waren zu hindern.

Allô-Service – eine Fenstergeschichte

Ich rufe eine bei Allô-Service registrierte Firma an, um meine Fenster putzen zu lassen. Man antwortet mir: »Oh, die betreffende Person ist nicht da, rufen Sie bitte zurück.«

Ich rufe zurück. Und man antwortet mir: »Die Person ist nicht da.« Daraufhin frage ich: »Könnte sie mich zurückrufen?« Antwort: »Ja, geben Sie mir Ihre Telefonnummer.«
Niemand ruft mich zurück. Ich rufe erneut an.
»Ja, worum handelt es sich?« fragt man mich.
»Ich würde gern meine Fenster reinigen lassen.«
»Gut, ich werde Ihnen einen Kostenvoranschlag machen.«
»Hören Sie, der Preis ist mir egal, ich möchte meine Fenster reinigen lassen.«
»Oh, nein, das ist unmöglich. Zuerst muß jemand bei Ihnen vorbeikommen.«
»Was wollen Sie wissen? Die Fenstermaße? Ich kann sie Ihnen sofort am Telefon geben.«
»Nun gut, wie Sie wollen.«

14 Tage später erhalte ich einen Kostenvoranschlag in drei Ausfertigungen. Kosten des Service: 275 Franc.

Nach einem Monat sind meine Scheiben immer noch nicht geputzt. Ich brauche wohl nicht hinzuzufügen, daß ich eine andere Firma beauftragt habe.

Moral der Geschichte: Es reicht nicht, sich »Allô-Service« zu nennen, um erfolgreich Leistungen per Telefon zu vermitteln.

Im Hotel Frantel in Dijon

Zwischen der Vorspeise und dem Hauptgang müssen mein Gast und ich 1 Stunde warten. Beim Hinausgehen fragt uns der Oberkellner sehr höflich, ob es gut war. Er wird also niemals wissen, warum wir nicht in sein Restaurant zurückkommen. Er meinte, uns einen Gefallen zu tun, indem er unseren Magen verführt. Wir hatten hingegen einen schnelleren Service erwartet.

Moral der Geschichte: Service ist eine unaufhörliche Quelle von Mißverständnissen.

Die Compagnie Générale de Leasing

Offenbar handelt es sich hier um eine große Leasing-Gesellschaft. Ich rufe an, um ein Auto zu mieten. Nach 30maligem Läuten hänge ich auf. Ich versuche es später noch einmal.
»Wir werden jemanden für Sie finden«, antwortet die Telefonistin.
Ich warte gut 5 Minuten und gebe dann auf.
Bailauto hat mich gut bedient.

Moral der Geschichte: Es reicht nicht aus, genial zu sein, um Autos zu vermieten.

Ein Mercedes-Konzessionär

An einem Samstag gehe ich zu einem überaus bekannten Mercedes-Konzessionär mit der Absicht, ein Auto zu kaufen. Ein Verkäufer unterhält sich mit mir, unterbricht sich jedoch jedesmal, wenn ein neuer Kunde in das Geschäft kommt. Nach mehreren Unterbrechungen verlasse ich verärgert den Händler – ich habe keinen Mercedes gekauft.
Moral der Geschichte: Man kann keinen Service mit einem bloßen »Guten Tag« verkaufen.

Scholtès – eine wahre Verfolgungsjagd, die in Resignation endet

Ich möchte einen Grillspieß für meinen Herd kaufen. Ich sehe im Branchenverzeichnis des Telefonbuchs nach und wähle Scholtès in Paris. Ich rufe an. Man antwortet mir, daß ich bei Arthur Martin sei und daß ich das Service-Center von Scholtès anrufen solle.

Genau dies tue ich. Das Service-Center antwortet mir, daß sie keine Einzelteile hätten und daß ich das Werk außerhalb von Paris anrufen solle. Ich rufe das Werk an. Man verbindet mich mit der Abteilung für Einzelteile. Hier sagt man mir, daß es in Paris eine Abteilung für Einzelteile gäbe und daß sie nicht an Privatpersonen verkauften. Der Service für Einzelteile in Paris schlägt mir wiederum vor, mich an meinen Konzessionär zu wenden. Nach langem Suchen finde ich einen Konzessionär, der mir empfiehlt, daß ich meinen Grillspieß beim Service-Center besorgen soll.

Moral der Geschichte: Ich kann den Verantwortlichen von Scholtès nur raten, die Qualitätsanalyse noch einmal durchzuführen, anstatt eine ganzseitige 4-farbige Werbung in *Maison française* zu finanzieren.

Die Geheimnisse der Versicherung

Ein befreundeter Versicherungsmakler möchte mir eine kapitalisierte Rente verkaufen. Ich verstehe nichts von dem, was er mir erzählt, und bin nicht sicher, daß er begreift, was ich wirklich suche. Wissen Sie, was eine Hinterbliebenenrente ist? Oder eine technische Rate bzw. eine Revalorisierung? Er kann seinerseits nicht auf meine Fragen antworten: Wieviel muß man zahlen, um zu einem bestimmten Zeitpunkt über eine bestimmte Summe zu verfügen? Wie hoch ist der Ertrag dieser Anlage im Vergleich zu einer anderen?

Moral der Geschichte: Um einen guten Service zu gewährleisten, sollten Sie auf jeden Fall einen »Dialog der Schwerhörigen« vermeiden!

Europe 1 — die 10 Uhr-Nachrichten

Man berichtet vom Marathon, da eben ein solcher stattfindet. Er blockiert im übrigen die Straßen der Gegend, in der ich mich befinde. Der offenbar sehr sportliche Journalist ergötzt sich an den kleinsten Details und beschreibt sämtliche Aspekte. Das geht von der Farbe der Bekleidung bis zur Qualität der verschiedenen Waden. Natürlich schweigt er sich darüber aus, wie man den Stau vermeiden kann. Doch wem mag wohl diese lange Rede gelten? Den anderen Autofahrern, die ebenfalls im Stau stehen? Es ist zu vermuten, daß sie genauso sauer sind wie ich. Oder gilt er den Marathonfans? Die sind sicher direkt vor Ort, entweder beim Rennen selbst oder in den vorderen Logen. Hoffen wir für Europe 1, daß es viele Leute gibt, die nur sportlich mit den Ohren sind; denn meines Erachtens können nur sie ein sportliches Rennen vom Sessel aus verfolgen.

Moral der Geschichte: Hat sich Europe 1 schon mal gefragt, wie seine Zielkundschaft des 10 Uhr-Journals aussieht?

Das INSEE — ein öffentlicher Service, für wen?

Ich beauftrage meine Studenten mit der Durchführung einer Sektorstudie. Daraufhin begeben sie sich zum INSEE*, um Informationen über Unternehmen zu erhalten, die sozusagen die Existenzgrundlage dieses Instituts bilden. Nach einigen Tagen erhalte ich einen Brief mit der Bitte, keine Studenten mehr zu schikken, da sie stören.

Moral der Geschichte: Eine Möglichkeit, um ohne Kunden überleben zu können ist, eine öffentliche Einrichtung zu sein. Wie ihr Name bereits zeigt, wird sie dann zu einem Service für niemanden. Dies ist die einzige Organisationsform, die ohne Kunden überleben kann.

---

* Entspricht in etwa dem Bundesamt für Statistik (Anm.d.Übers.)

Die Katastrophe von Tschernobyl — kulturelle Differenzen

Während die Franzosen hinsichtlich der möglichen Konsequenzen dieser schrecklichen Katastrophe in tiefstes Schweigen gehüllt waren, hatten die japanischen Botschaften und Konsulate Anweisung, Informations-und Beratungssitzungen mit den japanischen Staatsangehörigen im Ausland über Hygiene und Ernährung zu organisieren.

Moral der Geschichte: Es gibt öffentliche Dienste, die tatsächlich Dienste für die Öffentlichkeit sind.

Elm Leblanc — wenn Ihr Heizkessel einen Schnupfen hat

Elm Leblanc garantiert Ihnen einen Kundendienst auf der Basis eines Wartungsvertrages. Natürlich bleibt auf dem Formular zur Erneuerung kein Platz für den Kunden, um das Unternehmen über den Service zu informieren oder ihm eine eventuelle Adressenänderung mitzuteilen. Schade, daß die Firma nicht daran gedacht hat, zusammen mit einem Dankschreiben einen kleinen Fragebogen mitzuschicken. Ich könnte ihr einiges erzählen.

Mein Heizkessel hat eines Tages ein merkwürdiges Geräusch erzeugt. »Kein Problem«, sagt man mir am Telefon, »wir schicken Ihnen jemand.« Der Spezialist hört sich das Geräusch aufmerksam an und diagnostiziert es. Seiner Meinung nach ist es nicht der Kessel, sondern das Heizsystem, das das Geräusch verursacht. Man braucht es nur zu reinigen. Ich frage ihn, ob er dies tun könne. Weit gefehlt. Er ist nur da, um die Kessel zu reparieren und nicht um das Heizsystem zu reinigen. Dabei wäre mir ein einziger Verhandlungspartner lieber gewesen.

Ich rufe also nochmal den Elm-Service an. Ein anderer Mechaniker erscheint und diagnostiziert seinerseits einen Defekt im Druckmesser. Folglich wechselt er den Druckmesser aus. Ich bin froh, daß ich meine Ruhe haben werde. Irrtum, das Geräusch kommt innerhalb von 10 Tagen wieder. Ein dritter Mechaniker erscheint und entdeckt, daß der Druckmesser nicht funktioniert. Das erstaunt mich natürlich. Ihn auch. Ich schlage vor, das Gerät als Beweisstück mitzunehmen, um die Geschäftsführung zu überzeugen, daß es vielleicht besser wäre, den Druckmesser-Lieferanten zu wechseln. Ich hätte seine Antwort kennen sollen: Er macht nur Reparaturen und tauscht Druckmesser aus, ist jedoch nicht für ihre Qualität zuständig.

Da Elm mir keine Möglichkeit zu einer Erklärung gibt, wird die Gesellschaft nie wissen, warum ich den Servicevertrag nicht erneuert habe. Andererseits scheint die Karte, die zur Erneuerung des Vertrages gedacht ist, mit sehr viel größerer Sorgfalt entwickelt worden zu sein. Dort liest man: »Abreißen und mit Ihrer Zahlung in den beiliegenden Umschlag tun. Bitte eine Reparaturrechnung und Ihr Wartungsabonnement nicht mit einem einzigen Scheck zahlen. Bitte zwei Schecks beilegen. Keinen Brief beifügen.«

Zumindest sind die Normen für die Funktionsweise der Verwaltungsabteilung überaus präzise. Schade, daß sie bei ihrem Kundendienst nicht dasselbe schaffen. Offenbar ist die Verwaltungsabteilung der eigentliche Kunde und der Lieferant bloß derjenige, der zahlt.

Ich mußte meinen Paß erneuern

Um seinen Paß zu erneuern, muß man sich erstens die Rechnung von der staatlichen Elektrizitätsversorgung EDF besorgen, die als Bestätigung des Wohnortes dient. Dann muß man ein Dokument ausfüllen, das die vorgesetzte Angestellte verifiziert; dann muß man den abgelaufenen Paß beifügen, 2 Fotos und eine Steuermarke (die man in bestimmten, keineswegs allen Tabakverkaufsstellen erhält). Die Vorgesetzte überprüft nochmals etwas auf ihrem Computer, dann füllt man ein neues Dokument aus. Man schneidet ein Foto aus und klebt es auf das Papier, und man unterzeichnet. Der Paß wird per Hand ausgeschrieben. Man versieht den alten Paß mit dem Stempel »ungültig« sowie den neuen mit zwei anderen Stempeln. Dann wird immer noch per Hand ein Teil der Seiten des Passes gelöst und mit einem Siegel versehen. Alles wird schließlich in ein großes Buch geschrieben, und zu guter Letzt läßt man sich vom Computer bestätigen, daß er alles verstanden hat. Das Ganze wird ständig von Telefonanrufen, Gesprächen mit der Nachbarin und Anfragen unterbrochen. Angesichts einer halben Stunde pro Paß fragt man sich, wie lange es dauern wird, um alle Pässe der 55 Mio Franzosen zu erneuern. Und ich wage nicht, mir vorzustellen, wie lange man zur Anfertigung eines neuen Passes braucht.

Roche et Bobois — am 31. Dezember

Das berühmte Haus Roche et Bobois verlangt vom Kunden eine Lieferfrist von 8–10 Wochen gegen eine Anzahlung von 20%. Warum sollten sie irgendein Risiko eingehen? Der Möbelbranche geht es dermaßen gut. Man will mir also meine Möbel am 31. Dezember liefern, kann mir allerdings keine Uhrzeit angeben. Also warte ich. 8 Tage vor dem 31. teilt man mir mit, daß ein Teil der Bestellung nicht rechtzeitig geliefert werden kann. Er wird noch weitere 2 Wochen auf sich warten lassen.

Endlich ist der langersehnte Tag da: Ich bekomme also tatsächlich für den Silvesterabend meine Stühle. Allerdings scheint mich das Pech zu verfolgen. Gegen 9 Uhr stelle ich fest, daß die Sprechanlage nicht funktioniert. Sind die Männer schon dagewesen? Ja! Ich rufe Roche et Bobois an, um ihnen verschiedene Lösungen vorzuschlagen, die alle schlankweg abgelehnt werden: »Könnten Sie Ihre Männer benachrichtigen?«

»Unmöglich, sie haben kein Radio in ihrem Lastwagen.«
»Kann ich sie bei dem nächsten Kunden anrufen?«
»Unmöglich, wir dürfen Ihnen nicht die Adresse eines Kunden geben.«
»Könnten Sie bei dem nächsten Kunden anrufen?«
»Unmöglich, wir können die Kunden nicht stören.«

Und um meine Freude noch zu vergrößern, erklärt man mir, daß die Lieferfahrer ihren Lastwagen in der Silvesternacht bei sich behalten und daß es insofern möglich wäre, daß meine Möbel inzwischen gestohlen würden. Ich erkundige mich nach einem neuen Liefertermin. Nur die Direktion ist imstande, mir diesen Termin zu nennen. Ich rufe also die Verkaufsdirektion an. Man teilt mir mit, daß nur der Generaldirektor das Recht habe, mir einen früheren Termin als in der Planung vorgesehen zuzuteilen. Unglücklicherweise ist er beim Skifahren. Zu guter Letzt habe ich selbst einen Lastwagen und einen Chauffeur gemietet und meine Möbel direkt am Lager abgeholt. Muß ich noch erwähnen, daß ich für die Lieferverzögerung der anderen Möbel nie eine Entschuldigung erhalten habe?

Ich möchte noch hinzufügen, daß die hier erwähnten Unternehmen nicht glauben sollen, daß sie die einzigen Urheber meiner Mißgeschicke waren. Ich habe auch zahlreiche Scherereien mit BMW, Habitat, der Post, der SNCF und vielen anderen gehabt. Wenn ich jetzt mit meinen Beispielen aufhöre, dann geschieht das eher im Interesse des Lesers, als um dem einen oder anderen Unternehmen die »Palme der Servicefehler« vorzuenthalten. Da mein Heft voll ist mit Geschichten, werde ich vielleicht eines Tages noch ein anderes Buch schreiben. ... Eine Bibel darüber, was man unbedingt machen muß, um seine Kunden zu verlieren. Wie Sie sicherlich haben feststellen können, gibt es hier ungeahnte Möglichkeiten.

Selbstdiagnose

- Führen Sie einen Monat lang Ihren eigenen »Beschwerdekalender«, in dem Sie alle Augenblicke des Glücks und der Traurigkeit in Ihrem Alltagsleben festhalten.
- Lassen Sie Ihre Mitarbeiter genau dasselbe tun.
- Welche Lehren ziehen Sie daraus für Ihr Unternehmen?
- Einen neuen Markt? Ein neues Marktsegment, das erobert werden muß?
- Die Verbesserung Ihrer Normen? Ihres Liefersystems?
- Die Verbesserung Ihrer Fehlerjagd?

Kapitel 10
Die Durchführung des Programms

Sie wissen jetzt, daß der Kunde immer besseren Service verlangt und daß seine Wahrnehmung der Qualität nicht zwangsläufig mit der des Unternehmens übereinstimmt. Sie führen den Wettbewerb lieber über die Qualität als über den Preis und sollten deshalb nun darüber nachdenken, wie Sie ein Programm für erstklassigen Service in Ihrem Unternehmen verwirklichen können. Es ist durchaus Spielraum für Verbesserungen da, aber Ihnen gehen viele Fragen durch den Kopf:

- Entspricht Ihr Qualitätsversprechen den Erwartungen des Marktes?
- Ist Ihr Qualitätsversprechen klar und kurz gefaßt und ist es für die gesamte Organisationshierarchie verwendbar?
- Ist Ihr Versprechen konkurrenzfähig?
- Wird es den potentiellen Kunden in verständlicher Weise vermittelt?
- Besitzen Sie Qualitätsnormen? Wenn ja, sind sie meßbar und allen Beschäftigten des Unternehmens bekannt? Liefern Sie einen Service, der mit den Normen übereinstimmt?
- Entspricht Ihr Service dem Anspruchsniveau, das Sie anstreben?
- Treten Qualitätsverluste bei der Verwirklichung der Leistung auf?

- Ist Ihr Kunde zufrieden?
- Können Sie etwas tun, um ihn noch mehr zufriedenzustellen und auf diese Weise Ihren Wettbewerbsvorteil zu bewahren und auszubauen?

Um all diese Fragen zu beantworten, gibt es nur eine Möglichkeit: Man muß sie dem Kunden stellen, d.h. eine Befragung durch Gespräche oder Fragebogen durchführen – von den Kunden hängt schließlich der Erfolg Ihres Unternehmens ab. Was wollen Ihre Kunden? Was für Bedürfnisse haben sie? Wie kann man ihnen dienen? Was machen die Konkurrenten?

Sofern es keine ähnlichen Produkte gibt, kann man beobachten, was sich in ähnlichen Sektoren abspielt. Um in der EDV eine Reparaturpolitik zu entwickeln, kann man die Praktiken des Elektrogerätebereichs oder des Service untersuchen, der mit Schreibmaschinen verbunden ist. Und vergessen Sie vor allem nicht die Angestellten, die in direktem Kontakt mit dem Kunden stehen – sie wissen sehr viel.

Die verschiedenen Informationen, die Sie bei den Kunden erhalten können, werden Ihnen eine Diagnose über den Zustand Ihres Service erlauben. Diese Diagnose muß entweder dazu führen, daß Sie Ihre gesamte Qualitätspolitik überdenken oder daß Sie dieses oder jenes Element verbessern.

Die Diagnose: Ein unumgänglicher Ausgangspunkt

Läßt die Servicequalität zu wünschen übrig, weil sich die Fehler in einzelnen Gliedern der Leistungskette häufen? Lösen wir immer unser Serviceversprechen ein? Liegt die Qualität zu sehr in den Händen des für die Serviceleistung Verantwortlichen, des Lagerverwalters, des Lieferanten oder des Reparateurs? Schwankt die Qualität von einem Ort zum anderen? Warum? Ist man von der

Konkurrenz überholt worden? Und wie? All diese Fragen muß man sich stellen, um eine gute Diagnose über die Qualität des Service abgeben zu können.

Mißtrauen Sie zugleich den Instrumenten, die Sie für Ihre Diagnose verwenden. Die meisten Banken erkundigen sich nicht direkt nach der Zufriedenheit der Kunden, sondern sie verfolgen die Anzahl der aufgelösten Konten sowie die Bewegungen auf den vorhandenen Konten. Leider werden ihnen diese Indikatoren nie angeben, *warum* ein Konto aufgelöst wird oder vor sich hindämmert.

Die Diagnose ist der Schlüssel zu jedem Qualitätsprogramm. Sie wird Ihnen sagen, ob Sie eine Fehlerjagd veranstalten sollen, um das Null-Fehler-Ziel zu erreichen, oder ob Sie Ihre gesamte Qualitätsstrategie überdenken müssen.

Eine solche Diagnose ist für den Marktführer eines Sektors immer schwieriger als für die anderen. Der Marktführer neigt dazu, sich auf seinen Lorbeeren auszuruhen und sich als Sieger zu betrachten. Durch mangelnde Aufmerksamkeit kann sich die Qualität seines Service nach und nach unmerklich verschlechtern. Es bedarf einiger Energie, um darauf zu reagieren und den Wandel zu akzeptieren. Die Nummer 1 braucht dazu häufig mehr Alarmzeichen als die anderen, da ihre Umsätze erst mit einer gewissen Verzögerung auf den nachlassenden Service reagieren. Außerdem kaschiert ihr gutes Image bestimmte Mängel. Der Kunde ist geduldiger – denn immerhin handelt es sich ja um die Nummer 1, also um den besten Anbieter – bis der Tag kommt, an dem er sich – häufig eher zufällig – an ein anderes Unternehmen wendet, das alles tut, um ihn zu behalten. Der Kunde entdeckt dann, daß es auf dem Markt noch einen besseren und billigeren Service gibt.

Schließlich kann die Marktführungsrolle auch für sich genommen ein Handicap sein. Es gibt zahlreiche Kunden, die dem Marktführer skeptisch gegenüberstehen, ihm Arroganz zutrauen und lieber zu einer Firma gehen, die eher auf ihn angewiesen ist.

Die Japaner haben diese Haltung oft zu ihrem Vorteil genutzt. Sie sind in den Markt meistens mit einfachen Produkten eingedrungen, haben diese dann nach und nach mit immer mehr Service ausgestattet und damit gleichzeitig die Marktanteile der heimischen Konkurrenten ins Wanken gebracht, bis sie ihnen schließlich den Markt mit einer eindeutig überlegenen Service- oder Produktqualität streitig machen konnten.

An dem Tag, an dem sie sich bei uns an die Domänen der Versicherungen, der Banken und der Verbrauchermärkte heranwagen, gebe ich für unsere guten alten Institutionen keinen Pfifferling mehr. In weniger als 10 Jahren werden die ersten Banken der Welt japanischer Herkunft sein – sie sind es z.T. jetzt schon.

Die Selbstdiagnose ist immer schwierig, wenn alles gut geht. Denn worüber will man sich beschweren? Herr Derderian, der sehr erfolgreich die Restaurantketten L'Amanguir und Le Framboisier leitet, hatte am Anfang sehr viel Schwierigkeiten, den Verantwortlichen seines neuen, durchaus erfolgreichen Restaurants Bermuda Onion begreiflich zu machen, wie man noch bessere Ergebnisse erzielen könnte. Warum sollte man dies tun, wo doch alle Tische ständig besetzt waren, wo man dauernd Leute abweisen mußte und das Restaurant sogar im August gut ging?

»Wie wollen Sie dem Personal beibringen, auf die Sauberkeit der Tischdecken, die Garung der Speisen oder das Aufwärmen der Teller zu achten, wenn das Restaurant ständig voll ist? Wie soll man ihnen verständlich machen, daß die Qualität sich immer noch vervollkommnen läßt und daß sie eine unerläßliche Voraussetzung ist, damit das Bermuda Onion nicht nur ein Moderestaurant, sondern ganz einfach ein Restaurant bleibt?«

Um zu erkennen, ob eine Diagnose gut ist, muß sie zwei grundlegende Fragen beantworten: Ist das Qualitätsniveau gut? Wird die Konformität mit diesem Niveau respektiert? Und schließlich gilt für beide Fragen: Schneidet man besser ab als die Konkurrenz?

Stellen wir uns zuerst vor, daß Sie anhand Ihrer Diagnose wissen, daß Ihr Service zwar gut, aber durchaus noch zu verbessern ist. Im folgenden Fall stellen wir uns die schwierigere Situation vor, daß Ihr gesamtes Konzept neu zu überdenken ist.

Die Verwirklichung des Null-Fehler-Ziels

Am schwierigsten ist die Jagd nach kleinen Qualitätsfehlern. Sie werden im allgemeinen weit entfernt vom Unternehmen beim Kunden gemacht, in den verschiedenen Geschäften einer Kette, in verschiedenen Ländern, zu jedem Zeitpunkt des Tages und des Jahres. Bei manchen Qualitätsaspekten ist der eigene Service besser als der der Konkurrenz, bei anderen sind die Wettbewerber weit überlegen. Auf jeden Fall muß die Vermeidung von Servicefehlern das Ziel sämtlicher Mitarbeiter der Organisation sein.

Das Anspruchsniveau überall und zu jedem Zeitpunkt aufrechtzuerhalten, ist demnach eine grundlegende Aufgabe, die für alle geradezu zur Obsession werden muß. Es reicht nicht aus, eine Abteilung »Kontrolle der Servicequalität« zu gründen und es dabei zu belassen. Genau hier können Qualitätszirkel und die Beteiligung des Personals, das in direktem Kundenkontakt steht, wahre Wunder vollbringen. Jede noch so kleine Initiative kann dazu beitragen, einen Fehler zu vermeiden oder zu korrigieren und so die angestrebte Qualität zu verbessern.

Da der Kunde nun einmal das von uns beschriebene »unmögliche Phänomen« ist, muß der Service einfach umfassend und vollkommen und die Fehlerjagd für jeden zu jedem Zeitpunkt wichtig sein. Dies ist weniger eine Frage der Methode, sondern es geht vielmehr darum, das gesamte Denken auf eine permanente Fehlerjagd einzustellen.

Man sollte seinen Mitarbeitern beibringen, ihren ganzen Stolz in Qualität auf Anhieb zu legen, und die kleinen Siege müssen im Detail aufgezeigt und belohnt werden. Es muß häufige Qualitätszirkel geben, wobei jeder im Schnitt mit etwa 20 vom Kunden wahrnehmbaren Verbesserungen aufwarten kann, die das Kundenurteil direkt beeinflussen.

Alle Meister der Qualität verwenden dieselbe Regel: Es ist besser, 100 Einzelheiten um 1% zu verbessern, als einen 10%igen Erfolg anzustreben. Nur diese Sisyphusarbeit ergibt greifbare Ergebnisse.

Die Verwirklichung des Null-Fehler-Ziels läßt sich nicht improvisieren. Daher möchte ich die wichtigsten Phasen aufzeigen:

Man muß dafür sorgen, daß die Qualitätsnormen allen bekannt sind. So ist es völlig sinnlos, von jemandem zu verlangen, auf Anhieb gute Leistungen zu erbringen, wenn er nicht weiß, was er tun soll. Man muß also die Normen sehr gut kennen. Halten sie ihr Versprechen? Sind sie meßbar? Sind sie für die verschiedenen Abteilungen der Organisation umsetzbar? Und vor allem, sind sie allen betroffenen Mitarbeitern bekannt?

Man muß wissen, daß ein Serviceunternehmen mit 10.000 Beschäftigten zwischen 1000 und 3000 Normen entwickeln muß, je nach der Komplexität des Service. Rechnen Sie einmal in Ihrem Unternehmen aus, welche Arbeiten zu leisten sind und welche Zeit aufgewendet werden muß, damit die Normen allen klar sind.

Man muß die Prioritäten festsetzen. Eine Fehlerjagd kann man nicht willkürlich und pauschal durchführen, sondern sie muß nach bestimmten Schwerpunkten organisiert werden. Hierzu muß man sich fragen, ob man zuerst beim Empfang, bei der Schnelligkeit der Reaktion, bei Verzögerungen, bei der Behandlung von Reklamationen oder bei der Sauberkeit anfangen muß.

Normalerweise muß die Diagnose Prioritäten festsetzen. Auf diese Weise kann man von Anfang an die Arbeit der Gruppen anleiten, die Qualitäts- oder Fortschrittsaufgaben zugeteilt bekommen, außerdem kann man bei den schwachen Punkten schnelle Ergebnisse erhalten und je nach Bedeutung der erhaltenen Ergebnisse unmittelbar weitere Konsequenzen ziehen.

Diese Vorgehensweise nach aufeinanderfolgenden Phasen erscheint den Unternehmen, die nur wenig oder gar nicht mit der Philosophie der umfassenden Qualität vertraut sind, häufig nicht sehr geeignet. Wenn man indes die Fehlerjagd nur in einem Bereich des Unternehmens anwendet, ohne die anderen dafür zu sensibilisieren, muß man damit rechnen, daß die Aktion fehlschlägt. Die Unternehmen, die eine solche Fehlerjagd erstmals durchführen, sollten in ihrem gesamten Bereich eine für alle gültige Kampagne organisieren und dabei an der Spitze anfangen. Um schnell greifbare Ergebnisse zu erhalten, können sie einen Pilot-Standort einrichten und dort zeitgleich ein Experiment der Qualitätsverbeserung durchführen.

Die Null-Fehler-Kampagne muß das gesamte Personal einschließlich der Führungskräfte einbeziehen

Nach der Festsetzung der Prioritäten sollte man eine Versammlung aller Mitarbeiter durchführen, um deren Enthusiasmus zu wecken und alle für den Kampf um erstklassige Qualität zu gewinnen. Dieser erste Schritt ist unerläßlich, um das Unternehmensklima zu verändern und alle zu einer Kundenorientierung zu motivieren.

Natürlich reicht es nicht aus, eine Kampagne für das Null-Fehler-Ziel zu beschließen; darüber hinaus bedarf es enormer Kommunikationsanstrengungen innerhalb des Unternehmens: Hierzu gehören Ansprachen und Anschläge, Embleme, Videos, Diplome, Ehrenauszeichnungen und Belohnungen ebenso wie Wettbewerbe, Markenzeichen und Slogans. Alles muß unter diesem einen Zeichen stehen, keine Mittel dürfen vernachlässigt werden. Dabei sollten wir nicht vergessen, daß das Null-Fehler-Ziel allein schon deshalb so schwer zu erreichen ist, weil wir nicht perfekt sind.

Man muß die Fehlerjagd auf das Null-Fehler-Ziel abstimmen. Der Erfolg der Fehlerjagd hängt von zwei Faktoren ab: Von der Kenntnis der Qualitätsnormen und der Fähigkeit, in Gruppen arbeiten zu können. Insofern sind Arbeitsgruppen für diese beiden Bereiche wichtig. Eine sollte z.B. in regelmäßigen Abständen Seminare für die ganze Organisation abhalten. Es ist günstiger, diese Seminare in der Firma abzuhalten, als die Teilnehmer an einen anderen Ort zu schicken. Dies liegt zunächst daran, daß es nur wenig spezifische Informationen über die Qualität des Service gibt – die meisten verfügbaren Unterlagen beziehen sich auf die Qualität der Produkte. Außerdem symbolisieren hauseigene Sitzungen und Seminare, daß die Direktion sich effektiv für eine Verbesserung des Service engagiert. Darüber hinaus haben sie den Vorteil, daß sie ganz firmenspezifische Begebenheiten behandeln können.

Die Durchführung einer Fehlerjagd. Die Fehlerjagd steht und fällt mit zweierlei: einerseits bedingt sie Arbeitsgruppen, die Recherchen über die Mittel zur Verbesserung des Service anstellen sollen, und andererseits die Erarbeitung von Informationen, die sofort in konkrete Aktionen umzusetzen sind. Je schneller das Personal konkrete Auswirkungen seiner Fehlerjagd erkennen kann, um so eher ist es zu deren Fortsetzung bereit.

In allen Unternehmen mit ständigem Kundenkontakt sollte die Jagd nach Fehlern soweit wie möglich die Kundschaft einbeziehen. Hotelgewerbe, Großmärkte, Gaststättengewerbe, öffentliche Verkehrsmittel, Gesundheits- und Bildungswesen ebenso wie Banken, Nachrichtenwesen und der Sport- und Freizeitbereich sind alles Gebiete, in denen die Präsenz des Kunden in den Arbeitsgruppen unerläßlich ist.

Man muß die erreichten Fortschritte messen und sie bekannt machen. Es empfiehlt sich, die Auswirkungen der vorgeschlagenen Maßnahmen beim Kunden so schnell wie möglich zu erfassen und die Ergebnisse in der ganzen Organisation zu verbreiten. Zu diesem Zweck sollte man einen Aushang, ein Bulletin oder einen monatlichen Rundbrief verfassen bzw. in einer speziellen Rubrik der Firmenzeitung darüber berichten. Auch in den offiziellen Reden sollte man immer wieder auf die kleinen Siege hinweisen.

Der Service bedarf eines neuen Konzepts

Es kann durchaus vorkommen, daß Ihre Qualitätsdiagnose eine grundlegende Diskrepanz zwischen dem erbrachten Service und den Erwartungen des Kunden ergibt. In diesem Fall geht es weniger darum, den Fehler aufzuspüren, als das Serviceversprechen grundsätzlich in Frage zu stellen. Hier können Qualitätszirkel nichts ausrichten, sondern die Geschäftsführung muß die gesamte Qualitätsstrategie neu überdenken. Sehen wir uns dies an einem Beispiel an:

Der Club Méditerranée hat vor kurzem festgestellt, daß die Erwartungen der deutschen, italienischen und englischen Urlauber nicht denen der Franzosen entsprachen, die bislang den traditionellen Markt bildeten. Daher hatte er versucht, durch eine Reihe kleiner Änderungen in den Dörfern alle in irgendeiner Weise zu befriedigen. Das Ergebnis: Niemand war richtig zufrieden.

Der Generaldirektor Serge Trigano hatte zwei Möglichkeiten: Er konnte entweder ein neues Produkt – das internationale Dorf – kreieren, oder die Dörfer auf die spezifischen Nationalitäten umstellen und sie den jeweiligen Ländern anbieten. Er entschied sich für die erste Lösung und wählte zu diesem Zweck 17 Dörfer aus. Diese wurden aus der in Frankreich erscheinenden Broschüre herausgenommen, dagegen überall sonst in Europa angeboten.

In diesem Dörfern wurde dann der Empfang neu überdacht, der von nun an die verschiedenen Ankunfts- und Abfahrtszeiten berücksichtigen sollte. Die Mahlzeiten wurden vielseitiger gestaltet und enthielten auch verschiedene Spezialitäten anderer europäischer Länder. Die *Gentils Organisateurs* konnten mehrere Sprachen sprechen. Das Ergebnis war sehr schnell zu sehen: Der Zufriedenheitsindex der Deutschen, Italiener, Belgier und Engländer stieg innerhalb kurzer Zeit um 20%.

Während die Fehlerjagd von unten nach oben organisiert wird, muß die Erneuerung der Servicestrategie von oben ausgehen. Die direkten Kontaktpersonen der Kunden können zwar Unzufriedenheit erkennen und darüber informieren, aber sie sind nicht imstande, eine globale Strategie zu entwickeln. Sie besitzen weder den Gesamtüberblick noch die für einen derartigen Ansatz notwendigen Informationen. Im übrigen kann nur die Geschäftsführung wissen, ob eine neue Strategie zuerst auf einem Pilotstandort ausprobiert oder direkt in der ganzen Organisation angewendet werden soll.

Dies soll natürlich nicht heißen, daß die Leute an der Basis nicht einbezogen werden sollen. Sie sind am ehesten imstande, die Reaktion der Kunden wahrzunehmen und diese an die Zentrale weiterzugeben. Außerdem muß die Information mit großer Vorsicht behandelt werden. Es ist sehr viel schwieriger, die Akzeptanz einer völlig neuartigen Methode durchzusetzen, die überdies von »oben« kommt, als die Ergebnisse einer Analyse des Null-Fehler-Ziels zu verbreiten.

Serge Triango hat beispielsweise einen Tag lang alle *Gentils Organisateurs* des Sektors Europa/Afrika in kleinen Gruppen von maximal 50 Teilnehmern versammelt, um ihnen seine neue Servicestrategie zu erklären. Die neuen, nichtfranzösischen *Gentils Organisateurs* haben überdies ein Empfangsbuch erhalten, in denen das Wesen des Club Méditerranée dargelegt wurde. Außerdem wurden Dokumente entwickelt, um die Büros in Paris zu informieren. Somit fand im Unternehmen eine wahre Propagandakampagne statt, um möglichst schnell alle Mitglieder mit ihr vertraut zu machen.

Diese Kampagne hat allen die Bedeutung gezeigt, die die Direktion den neuen Dörfern beimaß. Dadurch hat sie verhindert, daß das Verkaufspersonal diese Dörfer als für Franzosen nicht geeignete »Fegefeuer« hinstellte, sondern sie vielmehr als »einzigartige« Gelegenheiten anpries, um aus ihrem Sechseck herauszukommen.

Wie kann man nun wissen, wann es an der Zeit ist, die Servicestrategie zu überdenken? Das beste Zeichen ist natürlich ein kontinuierliches Absinken der Zufriedenheitsrate des Kunden. Aufpassen müssen Sie auf jeden Fall, wenn trotz der Veränderung einiger von Ihren Kunden bemängelten Service-Elemente die Unzufriedenheit weiterhin steigt. Außerdem dürfen Sie nicht Ihre Wettbewerbsposition aus den Augen lassen. Ein Verlust des Marktanteils heißt, daß Ihre Kunden Sie zugunsten eines Konkurrenten verlassen. Und wenn einer Ihrer Konkurrenten allmählich Ihre Rate der Zufriedenheit erzielt, selbst wenn sie 98% beträgt, sollten Sie auf der Hut sein. Denn Sie sind offenbar dabei, Ihren Wettbewerbsvorteil zu verlieren. Anfang der 80er Jahre erlebte Singapore Airlines genau diese Situation mit ihrem Konkurrenten Cathay Pacific. Singapore Airlines war bis dahin – nach den Ergebnissen ihrer eigenen Umfragen und denen des internationalen Flugverkehrs – auf ihrem Gebiet führend; denn bei allen Zufriedenheitsindikatoren lag sie an erster Stelle. Cathay Pacific hatte sich zuerst auf eine Nachahmungsstrategie beschränkt, war aber in zunehmendem Maße innovativ geworden und hatte so den Marktanteil der Singapore Airlines untergraben.

Die Reklamationsbriefe, die Singapore Airlines erhielt, bezogen sich auf geringfügige Mängel wie die Behandlung des Gepäcks in den Flughäfen, wo die Gesellschaft die Leistungen einer anderen Fluglinie in Anspruch nahm. Außerdem schien das Bordpersonal ein wenig von seinem Enthusiasmus verloren zu haben. Dies zeigte sich zum Teil an den häufigen Wechseln der Mannschaften.

Singapore Airlines hatte zwei Möglichkeiten: Sie konnte entweder die von den Passagieren angesprochenen Fragen und Probleme lösen oder ihren Service grundlegend im Hinblick auf den Wettbewerbsvorteil analysieren. Im ersteren Falle hätte die Fluggesellschaft die Abfertigung des Gepäcks austauschen und den Mannschaftsgeist des Flugpersonals wieder wachrufen müssen. Im zweiten Falle wären neue Dienstleistungen notwendig gewesen, um der Herausforderung der Cathay Pacific zu begegnen. Die Singapore Airlines wählte den zweiten Weg und führte eine Zeitlang Schlafsitze ein, schaffte diese aufgrund einer Umfrage bei den Kunden jedoch wieder ab, um statt dessen Spiele und eine größere Filmauswahl zu bieten.

Derartige Entscheidungen modifizieren die gesamte Servicekette. Mit der Neudefinition der Servicestrategie muß man das Versprechen und folglich die Qualitätsnormen verändern, ferner die Mitarbeiter ausbilden, informieren oder gar auswechseln. Zu guter Letzt sind eine neue Kommunikationspolitik gegenüber dem Kunden und neue Systeme erforderlich. Als Rank Xerox in den Bereich der Bürotechnik eingestiegen ist, hat der weltweite Führer für Fotokopierer eine ganz neue Servicekette etabliert, da die Verkäufer und Reparateure der Fotokopierer nicht imstande waren, die Kundschaft der Mikroprozessoren zu bedienen. Insofern wurde, angefangen von der Betriebsdirektion bis zur Informationspolitik, alles neu entwickelt und auf die neue Aktivität zugeschnitten, einschließlich der Indikatoren für die Zufriedenheit der Kunden.

Eine gemeinsame Qualitätsbasis für mehrere Servicebereiche

Es kommt häufig genug vor, daß ein Unternehmen mehrere Marktsegmente beliefert. Für jeden dieser Bereiche sind dann eine angemessene Qualitätspolitik und ein Programm der Fehlerjagd oder der Service-Erneuerung erforderlich. Ein Reisebüro kann sich beispielsweise sowohl an Touristen als auch an Geschäftsleute wenden, beides sehr unterschiedliche Segmente mit unterschiedlichen Bedürfnissen und unterschiedlichen Qualitätsstrategien. Dennoch kann das Büro in beiden Märkten sehr erfolgreich sein, wenn es über eine gemeinsame Qualitätsbasis für beide Servicebereiche verfügt. Es wird also eine homogene Politik beim Empfang, beim Telefondienst, bei der Innenarchitektur der Büros und beim *Know-how* des Personals betreiben.

Als weiteres Beispiel nehmen wir einen Händler für Autozubehör, der verschiedene Kundenkreise bedient. Dazu gehört der kleine Werkstattbesitzer, der so wenig wie möglich lagern und sehr schnell beliefert werden möchte, eben so wie die großen Werkstätten, die eine effiziente Fakturierung, Lagerberatung und gute Preise schätzen. Außerdem gibt es das Unternehmen mit einem Lastwagenpark, das dazu Ersatzteile benötigt. Demgegenüber braucht der Spediteur einen guten Reparaturdienst. Obgleich jedes Segment einen ganz spezifischen Service erhält, sind alle gleichzeitig mit den anderen durch eine gemeinsame Basis verbunden, die ihnen eine absolute Gleichheit der Qualität ermöglicht. Bei IBM Frankreich gilt für alle eine einheitliche Politik der umfassenden Servicequalität, die auf 4 Konzepten basiert:

- einer für alle gleichartigen Definition der Qualität,
- der Prävention,
- einem Qualitätsmaßstab, der im gesamten Unternehmen Gültigkeit besitzt und
- dem Null-Fehler-Ziel.

Die Politik der umfassenden Qualitätssicherung beruht auf drei Managementprinzipien:

- dem Engagement der Direktion,
- dem Engagement des Personals (mit dem Schwerpunkt auf Teamwork) und
- einer rationalen Methode der Qualitätsverbesserung.

Einmal im Monat findet ein Treffen des Qualitätsausschusses statt, in dem der Chef von IBM Frankreich den Vorsitz führt. Die Qualitätspläne werden in die strategische Planung integriert, und die Beurteilung der Leistungen berücksichtigt die von der Qualitätspolitik erzielten Ergebnisse. Gleichzeitig gibt es ständig Qualitätszirkel und -gruppen zur Überwachung der Fortschritte. Alle Beziehungen mit den Kunden sind kodifiziert mit dem genauen Ausmaß der Abweichungen von der Norm. Sobald eine derartige Abweichung auftritt, wird eine Fehlerjagd durchgeführt.

Zwischen 1982 und 1985 hat sich die Zahl der Arbeitsgruppen, die sich etwa 1 Stunde wöchentlich treffen, von 230 auf 900 erhöht.

Literaturverzeichnis

Albrecht K., Zemke R., *Service America,* Homewood, III: Dow Jones – Irwin, 1985; dt. Übers.: Service America! Hamburg, McGraw-Hill, 1987.

Bloch Ph., Ababou R., Xardel D., *Service compris,* Paris: Hachette l'Expansion, 1986.

Carlzon T., *Riv Pyramiderna!,* Stockholm: Albert Bonniers, 1985; dt. Übers.: *Alles für den Kunden,* Frankfurt/New York; Campus, 1988.

De Bruicker F.S., Summe G.L., »Make Sure Customers Keep Coming Back«, *Harvard Business Review,* Januar-Februar 1985.

Hart C.W.L., Casserly G.D., »Quality, a Brand New, Tested Strategy«, *The Cornell HRA Quarterly,* November 1985.

Heskett J.L., *Managing in the Service Economy,* Boston: Harvard Business School Press, 1986; dt. Übers.: Das Management von Dienstleistungs-Unternehmen, Wiesbaden: Gabler, 1988.

Ingle S. und N., *Quality Circles in Service Industries,* Englewood Cliffs, N.J.: Prentice-Hall, 1983.

Ishikawa K., *La Gestion de la qualité,* Paris: Dunod, 1985.

Jackson B.B., »Build Customer Relationships That Last«, *Harvard Business Review,* November-Dezember 1985.

Jones C., De Cotüs T.A., »Video Assisted Selection of Hotel Employees«, *The Cornell HRA Quarterly,* August 1986.

Juran J.M., *Gestion de la qualité,* Normes et Techniques, AFNOR, 1983.

Levitt T., »Marketing Success Through Differentiation – of Anything«, *Harvard Business Review,* Januar-Februar 1980.

Levitt T., »Marketing Intangible Products and Product Intangibles«, *Harvard Business Review,* Mai-Juni 1981.

Lewis R.C., »The Positioning Statement for Hotels«, *The Cornell HRA Quarterly,* Mai 1981.

Lovelock C.H., *Service Marketing*, Englewood Cliffs, N.J.: Prentice-Hall, 1984.

Monteil B. et al, *Les Outils des cercles et l'amélioration de la qualité*, Paris: Les Editions d'Organisation, 1985.

Peters T., Austin N., *A Passion for Excellence:* The Leadership Difference, New York: Random House 1985; dt. Übers.: *Leistung aus Leidenschaft*, Hamburg: Hoffmann und Campe, 1986.

Sasser W.E., Olsen R.P., Wycoff D., *Management of Service Operations*, Boston: Allyn and Bacon, 1978.

Sele M.M., Karmarkar U.S., »Good Product Support is Smart Marketing«, *Harvard Business Review*, November-December 1983.

Stora G., Montaigne J., *La Qualité totale dans l'entreprise*, Paris: Les Editions d'Organisation, März 1986.

Firmenregister